GW00600710

LA NUIT DES ROIS

La littérature anglaise
dans la même collection

C. BRONTË, *Jane Eyre.*

E. BRONTË, *Hurlevent des monts.*

CARRINGTON, *Le Cornet acoustique.*

CARROLL, *Tout Alice.*

CONRAD, *Amy Foster. Le Compagnon secret. — Au cœur des ténèbres. — La Ligne d'ombre. — Lord Jim.— Nostromo. — Sous les yeux de l'Occident. — Typhon.*

DEFOE, *Robinson Crusoé.*

DICKENS, *David Copperfield* (deux volumes).

FIELDING, *Joseph Andrews.*

HARDY, *À la lumière des étoiles.*

J.K. JEROME, *Trois Hommes dans un bateau.*

JOYCE, *Gens de Dublin.*

KIPLING, *Le Livre de la jungle. — Le Second Livre de la jungle.*

MARLOWE, *Le Docteur Faust* (édition bilingue).

SHAKESPEARE, *Antoine et Cléopâtre. — Beaucoup de bruit pour rien* (édition bilingue). *— Les Deux Gentilshommes de Vérone. La Mégère apprivoisée. Peines d'amour perdues. — Hamlet* (édition bilingue). *— Henry V* (édition bilingue avec dossier). *— Macbeth* (édition bilingue). *— Le Marchand de Venise* (édition bilingue). *— La Mégère apprivoisée* (édition bilingue). *— La Nuit des rois* (édition bilingue). *— Othello. Le Roi Lear. Macbeth. — Richard III. Roméo et Juliette. Hamlet. — Le Roi Lear* (édition bilingue). *— Roméo et Juliette* (édition bilingue). *— Le Songe d'une nuit d'été* (édition bilingue). *— Le Songe d'une nuit d'été. Les Joyeuses Commères de Windsor. Le Soir des rois. — La Tempête* (édition bilingue). *— Titus Andronicus. Jules César. Antoine et Cléopâtre. Coriolan.*

M. SHELLEY, *Frankenstein.*

STERNE, *Vie et opinions de Tristram Shandy. — Le Voyage sentimental.*

STEVENSON, *Le Creux de la vague. — Le Cas étrange du Dr Jekyll et de M. Hyde. — L'Île au trésor. — Le Maître de Ballantrae. — Voyage avec un âne dans les Cévennes.*

SWIFT, *Les Voyages de Gulliver.*

THACKERAY, *Barry Lindon. — Le Livre des snobs.*

WILDE, *L'Importance d'être constant* (édition bilingue avec dossier). *— Le Portrait de Dorian Gray. — Le Portrait de Mr W.H.,* suivi de *La Plume, le crayon et le poison. - Salomé* (édition bilingue). *— Un mari idéal.*

WOOLF, *La Traversée des apparences.*

WILLIAM SHAKESPEARE

LA NUIT DES ROIS

Traduction de
PIERRE LEYRIS

Préface par
LÉO SALINGAR

Notice par
F. N. LEES

GF Flammarion

© 1994, Flammarion, Paris, pour cette édition.
ISBN 2-08-070756-6

PRÉFACE

La Nuit des rois appartient à cette série de comédies lyriques de Shakespeare qui consistent en une histoire d'amour romanesque entrecoupée de scènes de bouffonnerie jouant sur l'antithèse de la raison et de la déraison, du spirituel et de l'absurde. Les comédies antérieures de Shakespeare avaient abordé certains aspects de l'amour comme la relation entre l'amour et la loyauté ou la générosité, le triomphe de l'amour sur les êtres qui se révoltent contre lui, tels Béatrice ou Berowne, les affectations des amants, et, surtout dans *Le Songe d'une nuit d'été*, la parenté entre le désir amoureux et ces autres formes de la fantaisie qui aboutissent soit aux fictions du poète, soit aux illusions du fou : « Le lunatique, l'amant et le poète, ont tous trois la même imagination. » *La Nuit des rois* est, chez Shakespeare, l'expression la plus complète de l'amour romanesque, car l'amour prend ici finalement la forme d'un abandon conscient aux forces inconnues, abandon approuvé par un destin bienveillant sinon même ironique. En même temps, *La Nuit des rois* nous offre également l'expression la plus complète du sens shakespearien de la fonction primitive de la comédie, celle du renouvellement de l'énergie vitale, fonction que la comédie partage avec les fêtes saisonnières et les rites du folklore. Comme le dit Miss Enid Walsford, la pièce contient « la quintessence des Saturnales ».

La Nuit des rois est aussi la dernière des comédies lyriques. Elle annonce déjà les premières tragédies de Shakespeare avec leurs moments d'amère remise en question. Et, au-delà même de ces pièces, *La Nuit des rois* anticipe sur *La Tempête* où, ainsi que l'a montré Wilson Knight, Shakespeare revient consciemment à son symbole favori d'une famille séparée en mer, qui réunie de façon miraculeuse — c'est l'histoire de Viola et de Sébastien — thème auquel il s'était déjà complu dans la première de ses comédies, *La Comédie des méprises*. Si *La Nuit des rois* est la dernière pièce d'une série, c'est aussi la plus travaillée et la plus harmonieuse. Elle est composée avec tant d'art et si savamment équilibrée entre la gaieté et la tristesse, entre la suggestion d'un sérieux profond, plein d'inquiétude, et l'expression du plaisir pris par l'auteur à multiplier des personnages conçus comme des marionnettes comiques, que Shakespeare semble avoir eu conscience qu'il épuisait là pour un temps cette riche veine de sa fantaisie. Mais avant de la délaisser provisoirement, il en tire le maximum de plaisir. C'est peut-être pour cela qu'il est possible de déceler un élément d'artifice dans une pièce que beaucoup de critiques semblent trouver superficielle, sinon même déconcertante. Selon le docteur Johnson : « Le mariage d'Olivia, avec la situation embarrassante qui en résulte, quoique fort bien conçu pour nous divertir sur la scène, manque de vraisemblance et ne réussit pas à suggérer un enseignement, comme doit le faire la comédie, car il ne répond pas à une peinture exacte de la vie. » Comme toujours, le docteur Johnson soulève un problème qu'on ne saurait éluder. Et sa solution, tant du point de vue de l'interprétation de la pièce que de sa représentation, est à chercher dans les artifices et les conventions mis en œuvre par Shakespeare.

Les éléments conventionnels de la pièce ont dû paraître évidents au public des premières représentations. « A notre fête », écrivait John Manningham du Middle Temple en février 1602, « nous avons eu une pièce intitulée *La Nuit des rois* ou Ce que vous voudrez, qui ressemble beaucoup à *La Comédie des méprises* ou aux *Menaechmi* de Plaute, mais encore plus à la pièce italienne intitulée : les *Inganni...* ». Les éditeurs de Shakespeare à la recherche des sources de la principale intrigue rejettent, en général, cette dernière hypothèse en faveur de trois œuvres du même genre : la comédie siennoise bien connue quoique anonyme : *Gl'Ingannati* (*Les Abusés*, 1531), l'adaptation par Bandello de la même histoire (*Novelle* II. XXXVI, 1554) et une variante anglaise de 1581 : *Apolonius and Silla*, par Barnabé Riche. Aucune de ces sources n'est certaine, mais toutes sont possibles et l'intrigue principale de Shakespeare partage avec ces trois pièces des caractéristiques traditionnelles importantes. Comme *Gl'Ingannati*, Bandello et Riche, la pièce de Shakespeare compte quatre personnages principaux : une héroïne déguisée en page, l'homme qu'elle sert et qu'elle aime en secret, la femme à qui il fait la cour et qui, elle, tombe amoureuse de l'héroïne déguisée en homme et, enfin, le frère jumeau disparu de l'héroïne. De même, les quatre intrigues se développent de semblable façon. L'exposition présente un cas de dévouement amoureux chez une femme (comme pour la patiente Griselda ou l'Hélène de *Tout est bien qui finit bien*, deux personnages qu'on rencontre déjà dans Boccace). L'intrigue se complique d'un chassé-croisé d'amoureux, genre que Ben Jonson ridiculise pour son aspect conventionnel dans *Tout homme hors de son humeur*, pièce contemporaine de *La Nuit des rois*, notons-le. Le dénouement, dans ces quatre pièces, est provoqué par la réapparition du frère jumeau disparu, motif traditionnel hérité de Plaute, comme l'avait déjà relevé Manningham.

C'est là, pourtant, que s'arrêtent les ressemblances. Dans les adaptations italiennes de l'histoire, les aventures de l'héroïne constituent une démonstration claire et rationnelle de l'éthique de l'amour romanesque. « De cette pièce, vous tirerez avant tout deux leçons, affirme le Prologue de *Gl'Ingannati* : combien est grand le rôle du hasard et de la chance dans les questions d'amour et combien est importante une longue patience

en de pareils cas, lorsque ne manquent pas les bons
conseils. » L'amour possède son propre code de justice
et doit savoir rendre dévouement pour dévouement,
mais, au fond de lui-même, il est plein de « folie »,
d'« erreur » et d'errements, et cela à un tel point, dit
Bandello, que lorsque nous apprenons qu'un acte sur-
prenant a été la conséquence de l'amour, « notre éton-
nement *(ammirazione)* doit cesser aussitôt ». Si Riche
rend son intrigue plus romanesque que celle des Ita-
liens, son commentaire moralisateur a un accent plus
sévère. Nous naissons tous prédisposés à l'« erreur »,
déclare-t-il, surtout en ce qui touche aux effets de
l'amour et, en particulier, quand « nous poursuivons
ceux qui nous fuient », de sorte que dans l'histoire
d'Apolonius et de Silla (qui correspondent à Orsino et à
Viola) « vous verrez Dame Erreur jouer de telle sorte
avec un trio d'amants... que votre sage jugement en
sera tout confondu ». De ces différentes sources, s'il les
a lues, Shakespeare a conservé « l'erreur » et « l'éton-
nement », mais il a complètement changé leur rôle. Les
premières « erreurs » de cette pièce sont celles, sub-
jectives, qui consistent à provoquer ou à rejeter arbi-
trairement l'amour : telles sont les erreurs initiales
d'Orsino et d'Olivia à qui, d'ailleurs, Shakespeare
s'intéresse plus que ses prédécesseurs. Sa Viola, par
contre, est plus passive, plus réticente que les personnages correspondants et, mieux que tout autre caractère
de Shakespeare, elle annonce ces héroïnes de la résignation, ces adolescentes que l'on trouve dans ses tragi-
comédies de la fin. Et, tandis que l'héroïne incarne
maintenant un amour rencontré et non cherché, amour
accompagné d'un dévouement total, un frère jumeau
vient la compléter psychologiquement : c'est un oppor-
tuniste plein d'ardeur et toujours prêt à résister aux
revers imprévus du destin ou à en profiter. Ces nouveaux venus en Illyrie personnifient tous deux l'élément naturel et bienfaisant dans le développement de
l'amour et, en même temps, l'élément mystérieux et
imprévisible. Le contraste qu'ils forment avec Orsino et
Olivia constitue le fondement psychologique de la

comédie. Et la méthode de construction de Shakespeare dépend de ce contraste, y compris le dénouement que critiquait le docteur Johnson. Un imbroglio dans les sentiments, c'est-à-dire presque une comédie de mœurs, est transformé en un imbroglio dans les identités des personnages, c'est-à-dire presque en une farce. La fin de *La Nuit des rois* confère au début de la pièce un accent de souriante ironie. Un problème de sentiments est finalement exprimé et résolu grâce à un artifice théâtral. Et cela est copié délibérément sur un motif courant chez Plaute, motif que Shakespeare avait déjà utilisé pour sa *Comédie des méprises*.

C'est Orsino qui prononce les premières paroles de la pièce. Son rang est évident, mais son nom n'est pas encore connu, ni le nom de celle qu'il aime. Avec les premières notes de musique, son discours forme virtuellement un prélude, une incantation lyrique, mais à demi impersonnelle, adressée à la « fantaisie » ou à l'« esprit d'amour ». L'image de la mer qu'il contient annonce la venue de Viola et de Sébastien, mouvement caractéristique chez Shakespeare et qui va de l'image poétique à l'action visible. Mais en même temps le discours définit le personnage d'Orsino, qui n'est pas un amant ardent, mais un amant mélancolique, « fantasmagorique », un homme possédé par une passion qu'il exalte avec une partie de son être et qu'il répudie avec l'autre :

> Hélas, esprit d'amour, quelle énergie vorace !
> Pour la capacité, tu es comme la mer :
> Rien ne débouche en toi de précieux ni de rare
> Qu'une minute n'avilisse et ne dégrade.
> Amoureuse passion, de mirages pétrie,
> Non, tu n'as point d'égale en fantasmagorie.

Orsino est surpris de découvrir avec quelle soudaineté il vient de perdre son goût de la musique et, dans ces vers, commente le paradoxe de l'amour tel qu'il le découvre alors. L'amour, malgré sa force irrésistible, est un sentiment étrange et incompréhensible. Rien n'a de valeur auprès de l'amour, mais, également, rien n'a de valeur intrinsèque et durable pour un amant. Et ce qu'Orsino ressent maintenant, ainsi que le suggèrent les métaphores d'effondrement et de « bas prix », c'est avant tout une impression de dégoût. Un instant plus tard, il se compare à Actéon qui, loin de suivre tous ses désirs, est poursuivi par eux. En réalité, il ne fait pas activement la cour à Olivia, mais s'en tient à l'analyse de ses propres sentiments. Pour Orsino, comme il le dit à Viola, l'amour est essentiellement changeant et désordonné. Et parce que son désir est « vorace à l'égal de la mer », il ne peut être satisfait. Il n'a pas d'objet réel et c'est une « monstruosité », ainsi qui l'amour de Troïle pour Cresside, en ce qu'il vise l'infini. Quand Feste déclare : « Je voudrais voir les hommes de ta constance prendre la mer » (II, 4, 75), il pense qu'Orsino ferait un excellent passager pour la Nef des Fous.

Pour ces différentes raisons, il est impossible d'accepter la théorie de Leslie Hotson (dans *The First Night of 'Twelfth Night'*) selon laquelle Shakespeare aurait voulu tracer en Orsino le portrait flatteur du noble Florentin Virginio Orsino, duc de Bracciano, qui fut reçu avec un grand éclat par Elizabeth durant l'hiver 1600-1601. L'Orsino de Shakespeare est l'étude doucement ironique d'un tempérament, l'*amor nobilis*, ainsi que l'appelle Burton, c'est-à-dire le tempérament d'un aristocrate qui se dupe lui-même par amour de l'amour. Il est dans la logique du personnage que, lorsque Orsino rencontre Olivia sur la scène, son langage d'adoration devienne un langage de haine et qu'il transfère aussitôt ses affections sur Viola : une épouse idéale était à ses côtés et il ne s'en rendait pas compte.

Si Orsino diffère de ses prototypes, Olivia en diffère plus encore. Dans les histoires italiennes, c'est une jeune héritière, séquestrée par un père radoteur, mais brûlant d'être séduite. Dans *Apolonius and Silla*, c'est une riche veuve. Son personnage n'est d'ailleurs qu'esquissé dans les trois histoires. Shakespeare en fait un être virginal, psychologiquement la sœur aînée de Viola, et plus capable qu'elle de jouer la comédie du désir qui s'éveille. Elle dirige, de plus, une grande maison, ce qui la situe au centre de l'intrigue secondaire aussi bien que de l'intrigue principale. Le renversement comique de son point de vue est le moment capital de la pièce. Alors qu'Orsino imagine qu'il peut éveiller l'amour à volonté, Olivia imagine qu'elle peut l'exclure de la même façon ; chez l'un et l'autre, il y a une touche d'extravagance aristocratique. Pour porter le deuil de son frère, Olivia désire se protéger contre « l'élément aérien » « comme une cloîtrée », mais le cours de la pièce la montrera arrachée à son cloître et exposée au soleil. Dès qu'elle entre en scène, Feste lui explique qu'elle est « folle », « que l'habit ne fait pas le moine et que »... « de même qu'il n'est de vrai cocu que le malheur, ainsi la beauté n'est qu'une fleur ». Elle est bientôt amenée à se dévoiler et elle a assez de vanité pour affirmer que sa beauté est « à l'épreuve du vent et de la pluie » ; de sorte que la réponse de Viola, réponse qui lui va droit au cœur, a aussi quelque chose de comique, lorsqu'elle crie son nom à « l'aérienne cancanière » :

> Oh, vraiment, tout repos
> Vous serait refusé entre ciel et terre
> Si vous ne consentiez à me prendre en pitié.

Le changement d'attitude d'Olivia se révèle dans sa déclaration d'amour à Viola-Césario, discours qui est le plus délicat et, en même temps, le plus véhément de toute la pièce (III, 1, 138). C'est au tour d'Olivia maintenant de réagir contre le « dédain », d'« ouvrir le livre de son âme » à Viola et, également, à elle-même. Au bout de deux vers, Shakespeare lui prête le même langage impersonnel, ou extrapersonnel, de sentences rimées qu'il attribue à d'autres héroïnes telles que Béatrice et Cresside au moment de la vérité.

> Que de superbe tout ensemble et de beauté
> Dans le pli dédaigneux de sa lèvre irritée !
> Le meurtre se trahit moins vite que l'amour
> Qui se croit dans la nuit et paraît au grand jour.
> Césario, par les roses printanières,
> Par l'honneur d'une vierge et la fidélité,
> Par tout enfin, je t'aime ! et, malgré ta fierté,
> Pour esprit ni raison je ne saurais m'en taire.

Ah! ne te prévaux point de la raison forcée
Que je vais courtisant pour, toi, n'en plus rien faire;
Enchaîne ainsi raison et raison : recherché,
L'amour est bon; meilleur, s'il est lui-même offert.

Ici Olivia oublie avec passion son amour-propre, sa modestie et renonce à toutes les ruses féminines. Pourtant, elle conserve sa dignité et cette dignité est d'autant plus impressionnante qu'on devine en ses paroles un sens caché : au fond, elle a peur que le dédain de Césario ne soit pas du tout le dédain du rejet, mais le dédain de la séduction, le dédain de l'orgueil d'un être possédé d'une passion animale. Quelles que soient les intentions de Césario, l'amour apparaît maintenant à Olivia sous la forme d'un paradoxe aussi frappant que celui qui s'est présenté à Orsino : l'amour est coupable et même meurtrier, c'est l'irruption de l'esprit des Saturnales, et, en même temps, c'est une force irrépressible qui enchaîne la raison et crée dans les ténèbres sa propre lumière. Quoi que puisse penser Césario, la conclusion à laquelle Olivia aboutit, après s'être posé toutes ces questions, est fort claire :

recherché,
L'amour est bon; meilleur s'il est lui-même offert.

C'est toute la différence entre le thème de Shakespeare et l'argument moral de ses prédécesseurs et cela explique la crise qui se développe dans *La Nuit des rois*. Olivia peut rester une figure comique (n'est-ce pas à une autre femme qu'elle parle, après tout?) et même répéter son erreur initiale, après le mariage, en cherchant à cacher celui-ci « dans les ténèbres »; à partir de là, tout de même, sa conduite va avoir quelque chose de plus décidé et de plus assuré. Surtout elle a découvert en elle le sentiment par lequel se trouve justifié d'avance, du point de vue dramatique, ce qui, sans cela, n'aurait que la froide logique de la farce : ce sentiment qui la conduit à proposer à l'aveuglette le mariage à quelqu'un qu'elle ne connaît pas.

Quand elle s'aperçoit pour la première fois qu'elle vient de tomber amoureuse, Olivia s'écrie :

Destinée, montre ton pouvoir, puisque nous-même
Ne nous possédons point (I, 5, 281).

Le destin (comme Paul Reyher l'a noté) est un thème
qui revient sans cesse dans *La Nuit des rois* : mais l'idée
de destin implique ici quelque chose de plus que « ce
qui est écrit ». Pour Olivia, c'est la même chose que
« l'esprit de l'amour » pour Orsino, mais vu sous un
angle différent ; c'est une puissance au-dedans du moi
qui est autre que la volonté et la raison ordinaires. Et,
de ce point de vue, le rôle d'Olivia se rapproche de celui
de Viola :

O Temps, défais ce nœud trop embrouillé pour moi.

La différence entre les deux femmes est que Viola se
refuse à essayer d'imposer sa volonté au destin. Elle est
maîtresse de soi, elle a de la détermination, mais elle
cherche moins à s'imposer qu'Olivia (ou que Portia et
Rosalinde), et beaucoup moins que les héroïnes des
sources possibles de Shakespeare. Il a, en effet, complètement transformé la situation du personnage. Alors
que les trois autres héroïnes se déguisent dans le but de
poursuivre ou de capturer à nouveau un amant qui les
néglige, Viola est la seule à tomber amoureuse *après*
s'être déguisée. Tandis que les trois autres héroïnes ont
des pères qui vivent encore, Viola est orpheline ; elle
sort d'un naufrage, non pas d'une ville. Et tandis que le
mariage de l'héroïne précède dans les trois autres
intrigues celui du frère (mariage amené logiquement
dans les histoires italiennes par sa propre initiative et
avec l'aide d'une nourrice en qui elle a confiance)
Shakespeare fait du mariage de Viola la conséquence du
mariage de Sébastien, comme une suprême coïnci-
dence ; ainsi donc, Viola est unique aussi en ce que son
bonheur est dû à « la chance » plutôt qu'à « une longue
patience » et point du tout aux « bons conseils ».

Elle n'est pourtant pas purement passive, mais vive
et décidée. C'est elle qui s'avise, dès son entrée en
scène, et avec plus de raison qu'Olivia, de dissimuler sa
véritable identité jusqu'à ce qu'elle ait « laissé mûrir
l'occasion ». Au fond, elle a confiance dans le temps : le

sens d'un développement spontané, graduel du caractère et des sentiments est inséparable du personnage et de son rôle dans la pièce. Elle ne cherche pas l'amour mais elle n'en évite pas non plus l'idée et c'est pourquoi elle est libre, plus libre qu'Olivia ou que la soi-disant sœur qu'elle invente comme une projection d'elle-même et qui ne peut que rester assise,

> Pareille à la Résignation sur une tombe,
> Souriant au malheur (II, 4, 111).

En dépit du caractère pathétique et même de la tension que Shakespeare donne à ce rôle, il lui attribue aussi plus de détachement qu'aux autres personnages, lui prêtant notamment des commentaires objectifs sur la vie, sur le déguisement et l'insincérité ou sur les fonctions d'un bouffon. C'est Viola qui, apprenant que Sébastien est encore en vie, répond de façon si poétique et si définitive à Orsino quand celui-ci vient d'évoquer l'image déprimante de la mer :

> Les tempêtes sont bonnes
> Et les vagues salées, tout amour et douceur (III, 4, 353).

La solution morale de la principale intrigue est déjà contenue dans la déclaration d'Olivia à Viola. Mais comment Shakespeare parvient-il à tirer d'affaire ses trois principaux personnages, étant donné les conditions du théâtre ? C'est ici que le frère jumeau joue son rôle. L'imbroglio psychologique des trois autres est dû à une comédie des erreurs et sera résolu par une nouvelle comédie des erreurs. Shakespeare résout son problème technique en ayant recours aux *Menaechmi*. Ce motif, venu de Plaute, est déjà présent dans *Gl'Ingannati*, comme chez Bandello et Riche, mais il y est caché ou présent sous une forme modifiée, tandis que dans *La Nuit des rois*, Shakespeare l'emploie de façon plus systématique et dans un dessein plus précis qu'il n'avait fait dans *La Comédie des méprises*; les aventures de Sébastien en Illyrie correspondent exactement à celles de Menaechmus de Syracuse dans Epidamnus. Sa situation au début, celle d'un naufragé inconsolable de la perte de son frère jumeau, ressemble fort à celle de Menaechmus; quant à son lieu de naissance, Messaline (II, 1, 15), on ne saurait le situer sur aucune carte, mais ce doit être un souvenir du passage de Plaute où le compagnon de Menaechmus passe en revue les peuples qu'il a visités (et parmi eux, soulignons-le, les Illyriens) : « les Istriens, les Espagnols, les Massiliens, les Illyriens *(Massiliensis, Hilurios)*... toutes les rives que baigne la mer, nous les avons visitées dans nos voyages » *(Menaechmi*, éd. Loeb, vers 235-8). Comme Menaechmus, Sébastien se sépare de son compagnon pour voir la ville; il rencontre successivement un domestique (Feste), un parasite (Messire Tobie) et une dame (Olivia; chez Plaute, c'est la courtisane), et chacun d'eux le prend pour son frère jumeau. Comme Menaechmus, il pense que les autres sont fous ou bien qu'il est le jouet d'un rêve; il frappe le parasite, mais il suit la dame et reçoit son cadeau, comme Menaechmus accepte les faveurs de la courtisane qui est la maîtresse de son frère, et remercie les dieux de cette chance inespérée *(Menaechmi*, 551-3). Il accueille « cet accident de la fortune » et accepte d'épouser l'*inamorata* de Césario. Tout le temps, comme chez Plaute, ses actes réagissent sur son frère jumeau, en partie par l'intermédiaire de son compagnon, et finalement, comme chez Plaute, les jumeaux ont une scène de reconnaissance où ils comparent ce qu'ils savent de leur père.

Ces parallélismes indiquent un plan précis, non des emprunts mécaniques. Non seulement l'intervention de Sébastien donne un tour nouveau et amusant à l'intrigue, mais encore elle contribue à l'atmosphère poétique de la pièce. « Le destin te tend les mains, étreins-les, hardiment, résolument » : Sébastien réussit là même où échoue Malvolio. Comme Viola, il peut avoir confiance dans le destin; comme Olivia, il sait quand il ne doit pas se fier à son propre jugement (IV, 3, 14). Lorsque le capitaine de Viola nous parle de lui pour la première fois, il nous le montre « des plus prévoyant au milieu du danger » et le compare à Arion

sur le dos du dauphin ; quand il accepte l'offre surpre-
nante d'Olivia, ses paroles ont l'accent du bon sens, de
la lucidité se libérant de l'illusion : on dirait du réveil à
la fin du *Songe d'une nuit d'été*. Son rôle est intimement
lié à celui de Viola comme étant l'image de l'épa-
nouissement heureux du désir. En même temps sa
résurrection (car c'en est une aux yeux de Viola) est
l'expression du mythe fondamental du théâtre, le
mythe de la renaissance et du renouvellement :

> Les tempêtes sont bonnes
> Et les vagues salées, tout amour et douceur.

Il est évident que Shakespeare a vu dans la pièce de
Plaute plus qu'une simple succession de coups de
chance. De Plaute cependant, Shakespeare se sépare
avec le personnage d'Antonio, compagnon de Sébastien. Par rapport à l'intrigue, Antonio est l'équivalent
de l'esclave de Menaechmus ; mais le personnage lui-
même se rapproche de l'Antonio du *Marchand de Venise*
et plus encore de l'Aegeon de *La Comédie des méprises*,
personnage que Shakespeare avait ajouté à l'intrigue de
Plaute. Antonio accompagne Sébastien au milieu du
danger, par pur et simple amour ; pour lui comme pour
Olivia, l'amour a la force magnétique d'un destin. Mais
si Antonio n'a qu'une seule idée, il est également
obstiné, et c'est Antonio, l'amant le plus désintéressé de
toute la pièce, qui donne la note du désenchantement :

> En quelle vile idole, hélas, ce dieu se change !
> Tu déshonores, Sébastien, de nobles traits...
> La vertu est beauté, mais le mal au beau masque ?
> Un coffre creux enjolivé par le démon ! (III, 4, 334)

Ironiquement, ces paroles sont prononcées au cours
d'un épisode de farce (le faux duel) et par un honnête
homme qui vient d'essayer en pure perte d'échapper à
l'arrestation. De plus, elles ne sont pas adressées à la
personne qu'il faut. Et pourtant elles éveillent un doute
qui tendrait à remettre en question l'amour romanesque. Antonio se tient ainsi à la limite de la comédie ;
c'est presque l'atmosphère, déjà, de *Troïle et Cresside*.

L'intrigue secondaire de *La Nuit des rois*, qui semble

entièrement de l'invention de Shakespeare, est pleine de vie et contribue au bon équilibre de l'ensemble. Les personnages comiques sont des « humeurs » au sens de Ben Jonson ou, de façon plus large, des « fous » selon la tradition populaire de la Renaissance, tradition qu'Érasme a fait entrer dans le domaine de la littérature. Ils nous reposent des personnages romanesques et remplissent une fonction artistique comparable à celle de Sancho Pança aux côtés de don Quichotte. Ils en constituent d'abord comme la caricature. Messire Tobie est « noyé » dans la boisson comme Orsino l'est dans l'imagination. Malvolio et Messire André, eux aussi, sont des caricatures d'Orsino faisant sa cour. En même temps, l'austérité de Malvolio est un reflet de celle d'Olivia et les incartades de Messire Tobie annoncent cette révolte des instincts qu'on verra se produire chez elle. Enfin, si les personnages sérieux rencontrent le danger en mer, les personnages comiques jouent avec l'idée de plus étranges voyages, parlant de Behring, du Hollandais dont la barbe était couverte de glaçons et des

Vapiens passant l'équinoxiale de Queubus.

En deuxième lieu, Messire Tobie et ses amis représentent l'ancienne tradition des Saturnales. Le renversement de l'ordre des choses, qui caractérise les coutumes de la nuit des rois, est présent implicitement dans l'intrigue principale où l'on voit une femme faire la cour et une autre devenir « la maîtresse de son maître » ; où Viola et Sébastien portent chance comme les acteurs déguisés d'une mascarade ou d'une pantomime de Noël ; l'amour lui-même, dans l'intrigue principale, doit

fai(re) du tapage, franchi(r) tous les confins de la civilité (i, 4, 21),

tout à fait selon l'esprit des Saturnales. Mais l'intrigue secondaire reprend ces suggestions et les développe :

Quelle maudite lubie possède ma nièce, pour prendre de la sorte la mort de son frère ? Croyez-m'en, le chagrin est l'ennemi de la vie (i, 3, 1).

Messire Tobie incarne l'amour de la boisson et de la
bonne chère, des chants et de la danse, en un mot,
l'amour de la belle vie : au fond, c'est Carnaval lui-
même ; Messire André et Malvolio, à leur façon, sym-
bolisent l'esprit de carême. Feste, le clown ou bien le
fou, est à rattacher aux périodes de licence et plusieurs
de ses plaisanteries, comme Leslie Hotson l'a montré,
sont caractéristiques de la nuit des rois. La comédie
amoureuse d'Olivia rappelle « les jeux de l'amour » de
certains rites folkloriques. Et le mauvais tour joué à
Malvolio (« un excellent tour » comme le dit Manningham) est bien dans la même tradition. On pense à la
gigue dirigée contre un voisin détesté, dans le York-
shire, au seizième siècle, « afin de pouvoir s'amuser à
Noël ». Le faux duel entre Viola et André, où les deux
combattants sont considérés comme des « diables »
prêts à tout dévorer, rappelle étrangement les luttes à
l'épée des pantomimes de village, que Thomas Hardy
décrira plus tard dans *The Return of the Native*. Et cela
nous conduit, comme dans les pièces folkloriques, à
quelque chose qui ressemble à une résurrection.
L'interlude de Feste avec Malvolio, où le fou fait la
morale à Malvolio comme Messire Tobie au curé,
revêtant pour l'occasion un déguisement superflu, est
inspiré des faux sermons de la fête des fous lors de la
nuit des rois. (On songe aussi aux faux sermons dans
l'*Éloge de la Folie* d'Érasme.) Dans toutes ces coutumes
du folklore, comme dans la résurrection de Sébastien,
Shakespeare voit une signification symbolique : Messire Tobie change les ténèbres en lumière, Feste
explique à Malvolio que la nuit est le jour et l'expulsion
de Malvolio celle du bouc émissaire, la liquidation des
diables. Et, dans tout cela, les scènes de farce représentent les vacances de la vie et l'esprit de libération des
Saturnales. Le conflit entre Messire Tobie et Malvolio
a, de plus, une signification sociale. Messire Tobie est,
après tout, un parasite comme le parasite de Plaute, ou,
plutôt, un serviteur au sens féodal, qui, en tant que
parent de la comtesse, considère comme son privilège le
loisir, caractéristique d'une classe qui va disparaître.

C'est un chevalier et il possède la politesse propre à un courtisan de la Renaissance, mais tout en lui se dégrade. Comme Malvolio le dit avec justesse, il « n'a le respect ni des lieux ni des personnes ni des temps », et il « perd un temps précieux avec un chevalier à moitié fou », tandis qu'Olivia le condamne brutalement comme n'étant « pas poli ». Quant à son compagnon de débauche, Messire André, c'est la caricature d'un « squire » de campagne.

D'autre part, Malvolio est, d'un certain point de vue, le personnage le plus imposant de la pièce ; si le public élisabéthain riait de sa chute, c'est sans doute parce qu'un tel homme, dans la vie, aurait inspiré la crainte plus que le mépris. Ce n'est ni un puritain, ni un arriviste mais, typiquement, un « gentleman », l'intendant d'une grande maison qui prend sa charge très au sérieux, qui croit nettement à l'ordre nouveau et aux règles de la bienséance et qui, s'il est comme le dit Maria « un caresseur de circonstances... qui vous apprend par cœur de belles tournures », étudierait non pas, peut-être, Machiavel, mais certainement les maximes de Francis Bacon destinées aux futurs fonctionnaires, celles qu'on trouve dans ses *Essais ou Conseils Civils et Moraux*. Mais la dignité de Malvolio implique la répression des instincts et l'hypocrisie inconsciente. Il est « malade d'amour-propre », il ne sait pas se détendre en compagnie d'un bouffon et se console, pourtant, en rêvant d'un mariage avec Olivia avant même que Maria le prenne au piège avec sa fausse lettre. Néanmoins, jusqu'au bout il reste inflexible. Comme Antonio, qui est par ailleurs son antithèse morale, il « a une haute idée de l'âme » ; comme Antonio aussi, et comme Shylock ou Harpagon, il entraîne la pièce hors du cercle magique de la comédie romanesque jusqu'à en faire un conflit de sympathies que la comédie, normalement, préférerait ignorer. Le fait que Shakespeare ait creusé le personnage en créant l'Angelo de *Mesure pour mesure* montre assez combien il était attiré par ce problème.

L'équilibre comique de la pièce, mis en péril par

Malvolio et Antonio, est rétabli par Feste, qui n'est pas
nécessaire à l'intrigue mais qui est essentiel pour
l'atmosphère. Feste est le portrait le plus accompli que
Shakespeare nous ait laissé d'un bouffon. Ce n'est ni un
niais ni un personnage grotesque, c'est « le corrupteur
de mots » d'Olivia ; très fier de son talent, il connaît à
fond toutes les exigences de son métier et aussi tous ses
dangers. Condamné à une vie de divertissement et fort
capable de s'adapter à tous les changements d'humeur
de ses maîtres, il reste un indépendant et même un
sombre moraliste qui est certain d'une chose, c'est que
le divertissement ne durera pas toujours : « il faut que
le plaisir se paye un jour ou l'autre... le tourniquet du
temps amène les représailles ». C'est pourquoi il y a
dans toutes ses plaisanteries un élément énigmatique et
un accent ambigu, comme s'il se jugeait lui-même.
C'est le seul personnage de Shakespeare à se divertir
d'une chose purement absurde, d'un « *nonsense* » fantasque et évasif qui se situe quelque part entre Rabelais
et Edouard Lear. Il défend énergiquement la folie
contre les attaques de Malvolio (« mieux vaut un fou
doué d'esprit qu'un bel esprit pétri de niaiserie »), mais
c'est tout juste s'il a un tout petit peu plus confiance
dans les instincts du corps que dans les prétentions de
l'âme ; il voit, comme nul autre, que tous les êtres se
jouent la comédie (« La folie, monsieur, fait le tour du
globe comme le soleil »), et une telle vision du monde
n'a rien de très encourageant. La chanson que Shakespeare lui confie en guise d'épilogue et d'excuse est
pleine « de vent et de pluie » ; tôt ou tard on « barre sa
porte aux malandrins ». Cette fête qu'est la nuit des rois
doit donc prendre fin. Mais c'est justement parce que
Feste perçoit les limites de la comédie qu'il devient
l'incarnation shakespearienne de l'esprit comique. Sa
mélancolie naît d'une double tendance : c'est à la fois
un être solidement installé sur cette terre, qui vit dans le
même monde que Malvolio, et le masque impersonnel,
le fou du folklore, le bouffon, l'acteur, le comédien par
excellence. C'est la fantaisie elle-même, sans désir, mais
aussi sans illusion. Et c'est parce qu'il est obligé de se

situer aux limites de la comédie, à mi-chemin du théâtre et de la vie quotidienne, que Feste est le meilleur défenseur de l'art du comédien : après tout, le destin du théâtre n'est-il pas de redonner à la vie de nouvelles forces ?

LÉO SALINGAR.

NOTICE

TEXTE. *Le premier texte est celui du Folio de 1623.*

DATE. *La pièce est inscrite au registre des Libraires en 1623, en vue de la publication dans le Folio ; elle ne figure pas dans Meres (1598) ; elle est jouée au Middle Temple le 2 février 1602. L'emploi de chansons tirées d'un recueil de 1600, ainsi que certaines allusions à l'actualité, semblent indiquer comme date de composition 1600 ou 1601. Dover Wilson (1930), faisant état des nombreux éléments comiques inspirés de la chicane, estime que la pièce a été écrite spécialement pour la représentation du Middle Temple (un des collèges de l'École de Droit), mais qu'elle a été révisée vers 1606. L. Hotson (1954) pense qu'elle fut écrite pour les fêtes de l'Épiphanie données par la reine en 1601, où l'un des invités de marque était Orsino, duc de Bracciano. Quiller-Couch, codirecteur (avec Dover Wilson) du New Shakespeare, concluait de son côté qu'elle avait été composée pour l'Épiphanie de 1602.*

SOURCES. *L'anonyme* Gl'Ingannati *(Venise, 1537), dont une version française,* Les Abusez, *par Charles Estienne (1543), avait été traduite en latin sous le titre de* Laelia *et jouée à Cambridge en 1594-95. Shakespeare s'est peut-être également inspiré d'un conte tiré des* Novelle *de Bandello (1554), des* Histoires tragiques *de Belleforest (1570), elles-mêmes dérivées de Bandello, et de l'*Apolonius et Silla *de Barnabé Riche (1581). D'autres sources possibles sont encore les* Inganni *de Sacchi (1562) et l'ouvrage de Gonzaga qui porte le même titre (1592). Le personnage de Malvolio n'a pas de sources littéraires connues, mais on a proposé plusieurs originaux historiques.*

REPRÉSENTATIONS.   *La première connue est celle du Middle Temple en 1602. Puis la pièce fut jouée à la cour en 1618 et, sous le titre de* Malvolio, *en 1622. Pepys la vit en 1661, 1663 et 1669. Depuis la reprise de 1741 elle n'a jamais cessé d'être populaire. Les mises en scène les plus remarquables ont été celles de la Société du Théâtre Elizabéthain (à partir de 1895), de Granville-Barker en 1912, et du Théâtre de Répertoire de Birmingham.*

CRITIQUE.   *« Élégante et aisée », « d'un humour exquis » (Dr. Johnson), « délicieuse » (Hazlitt), « enchanteresse » (Swinburne), « La comédie des comédies de Shakespeare » (Luce), « peut-être la plus harmonieuse des comédies romanesques de Shakespeare » (Wilson Knight); ces commentaires sont caractéristiques d'une longue tradition critique, qui toutefois n'exclut pas toujours un jugement défavorable sur le dénouement, lequel selon Johnson « manque de vraisemblance et ne donne ni l'enseignement qu'exige le théâtre ni une juste image de la vie ». Ce fut d'abord l'élément satirique, « le large et brillant comique rabelaisien » (Swinburne) qui reçut l'approbation; mais depuis Hazlitt et son éloge de Viola, « source secrète du grand charme de la pièce », et jusqu'à Wilson Knight (1932) qui souligne l'emploi évocateur des symboles marins et musicaux, la critique s'attache surtout à dégager la tonalité « romantique » des thèmes et des sentiments. Le jugement de Luce : « Une dissertation sur l'amour... dont la puissance et la noblesse apparaissent chez les femmes de Shakespeare, et non chez ses hommes », ceux de Dowden (1911), de E.K. Chambers (1930), et de Quiller-Couch, qui tous semblent voir dans la pièce une confrontation du sentimentalisme et de la fidélité agissante, de l'aveuglement et du bon sens, aident à définir le caractère d'une pièce dans laquelle H.B. Charlton (1938) décèle l'aboutissement d'une longue exploration de la technique de la comédie et des valeurs « romantiques », et l'expression de l'art d'aimer de Shakespeare. Les efforts de Hotson, dans le cadre de sa théorie de datation, pour identifier de nombreuses allusions à la cour d'Elizabeth n'infirment pas cette analyse. L'interprétation de J.W. Draper (1950), selon laquelle la pièce traite des soucis et des conflits sociaux de l'époque, a été jugée peu convaincante. Malvolio « véritablement comique » aux yeux de Johnson, n'a jamais laissé d'être considéré comme un personnage important, quoique à des titres divers. De nos jours, on serait tenté d'approuver la mise en garde de Quiller-Couch contre la tendance à lui accorder un rôle de premier plan et sympathique, comme l'ont fait Charles Lamb et plusieurs autres critiques à différentes époques.*

F.N. LEES.

TWELFTH NIGHT
or
WHAT YOU WILL

LA NUIT DES ROIS
ou
CE QUE VOUS VOUDREZ

CHARACTERS IN THE PLAY

ORSINO, *Duke of Illyria.*
SEBASTIAN, *brother to Viola.*
ANTONIO, *a sea-captain, friend to Sebastian.*
Another sea-captain, friend to Viola.
VALENTINE ⎫
CURIO   ⎬ *gentlemen attending on the Duke.*
SIR TOBY BELCH, *kinsman to Olivia.*
SIR ANDREW AGUECHEEK.
MALVOLIO, *steward to Olivia.*
FABIAN, *a gentleman in the service of Olivia.*
FESTE, *fool to Olivia.*
OLIVIA, *a rich countess.*
VIOLA, *in love with the Duke.*
MARIA, *Olivia's gentlewoman (small of stature).*
*Lords, priests, sailors officers, musicians, and other atten-
dants.*

The scene : Illyria.

PERSONNAGES

ORSINO, *duc d'Illyrie.*
SÉBASTIEN, *frère de Viola.*
ANTONIO, *capitaine de vaisseau, ami de Sébastien.*
Un autre capitaine de vaisseau, ami de Viola.
VALENTIN
CURIO } *gentilshommes de la suite du duc.*
MESSIRE TOBIE ROTEGRAS, *parent d'Olivia.*
MESSIRE ANDRÉ GRISEMINE.
MALVOLIO, *intendant d'Olivia.*
FABIEN, *gentilhomme au service d'Olivia.*
FESTE, *bouffon d'Olivia* (le Fou).
OLIVIA, *comtesse.*
VIOLA, *éprise du duc.*
MARIA, *suivante d'Olivia.*
Seigneurs, prêtres, matelots, officiers de police, musiciens et autres gens de la suite.

La scène se passe en Illyrie.

ACTE PREMIER

[I, 1.]

A room in the Duke's palace

The Duke ORSINO, CURIO *and Lords, hearing music; the
music ceases.*

DUKE

If music be the food of love, play on,
Give me excess of it; that, surfeiting,
The appetite may sicken, and so die...
That strain again! it had a dying fall :
O, it came o'er my ear like the sweet sound
That breathes upon a bank of violets;
Stealing and giving odour... [*music again*] Enough, no
more!
'Tis not so sweet now as it was before.
O spirit of love, how quick and fresh art thou,
10 That, notwithstanding thy capacity
Receiveth as the sea, nought enters there,
Of what validity and pitch soe'er,
But falls into abatement and low price,
Even in a minute... So full of shapes is fancy,
That it alone is high fantastical.

SCÈNE PREMIÈRE

Une salle dans le palais du Duc

LE DUC ORSINO, CURIO *et des seigneurs en train d'écouter de la musique : elle cesse.*

LE DUC

Si la musique est la pâture de l'amour,
Jouez encore, donnez-m'en jusqu'à l'excès
En sorte que ma faim gavée languisse et meure.
Ce passage à nouveau! pour son rythme mourant;
Oh! il m'a flatté l'oreille comme un zéphyr[1]
Dont l'haleine, en frôlant un lit de violettes,
Dérobe et donne du parfum... Suffit! Assez!
Sa douceur de tout à l'heure s'en est allée.
Hélas, esprit d'amour, quelle énergie vorace!
Pour la capacité, tu es comme la mer :
Rien ne débouche en toi de précieux ni de rare
Qu'une minute n'avilisse et ne dégrade.
Amoureuse passion, de mirages pétrie,
Non, tu n'as point d'égale en fantasmagorie.

CURIO

Will you go hunt, my lord?

DUKE

What, Curio?

CURIO

The hart.

DUKE

Why, so I do, the noblest that I have :
O, when mine eyes did see Olivia first,
Methought she purged the air of pestilence;
20 That instant was I turned into a hart,
And my desires, like fell and cruel hounds,
E'er since pursue me...

Valentine enters.
How now? what news from her?

VALENTINE

So please my lord, I might not be admitted,
But from her handmaid do return this answer :
† The element itself, till seven years hence,
Shall not behold her face at ample view;
But like a cloistress she will veiléd walk,
And water once a day her chamber round
With eye-offending brine : all this to season
30 A brother's dead love, which she would keep fresh
And lasting, in her sad remembrance.

CURIO

Si monseigneur chassait ?

LE DUC

Quoi, Curio ?

CURIO

Le cerf.

LE DUC

Mais ainsi fais-je, et le plus noble que je sache :
O quand mes yeux se sont posés sur Olivie,
J'ai cru la voir de toute peste purger l'air !
Hélas, au même instant j'étais changé en cerf[2]
Et dès lors les cruels limiers de mes désirs
Me traquent sans merci.

Entre Valentin.
Eh bien, qu'en est-il d'elle ?

VALENTIN

Seigneur, ne vous déplaise, on ne m'a point admis,
Mais j'ai reçu d'une servante sa réponse :
Avant que sept années soient révolues, le ciel
Ne contemplera point librement son visage ;
Elle n'ira, comme en un cloître, que voilée,
Mouillant sa chambre chaque jour d'une saumure
Cuisante à sa prunelle, afin de conserver
L'amour d'un frère mort et lui garder fraîcheur
Perpétuelle en sa mémoire endeuillée.

DUKE

O, she that hath a heart of that fine frame
To pay this debt of love but to a brother,
How will she love, when the rich golden shaft
Hath killed the flock of all affections else
That live in her; when liver, brain and heart,
These sovereign thrones, are all supplied and filled,
Her sweet perfections, with one self king!
Away before me to sweet beds of flowers —
40 Love-thoughts lie rich when canopied with bowers.

[*they go.*

[I, 2.]

NEAR THE SEA-COAST

VIOLA, Captain, and sailors.

VIOLA

What country, friends, is this?

CAPTAIN

This is Illyria, lady.

VIOLA

And what should I do in Illyria?
My brother he is Elysium.

LE DUC

                    Celle
Qui est douée d'un cœur de fabrique assez belle
Pour payer ce tribut à qui ne fut qu'un frère,
O comme elle aimera quand le riche trait d'or[3]
Aura tué l'essaim des affections mineures
Qui l'habitent encor; quand cerveau, cœur et foie[4],
Les trônes souverains de sa douce excellence,
Seront nantis, comblés d'un seul et même roi!
Gagnons quelque doux lit de fleurs sous le couvert :
Riche es-tu, songerie d'amour, sous un dais vert.

Ils sortent.

SCÈNE II

AU BORD DE LA MER[5]

VIOLA, *un capitaine de vaisseau, des matelots.*

VIOLA

Quelle est cette contrée, amis ?

LE CAPITAINE

                    C'est l'Illyrie,
Madame.

VIOLA

    Et qu'irais-je donc faire en Illyrie
Quand mon frère est dans l'Élysée ?... Mais si par chance

Perchance he is not drowned : what think you, sailors

CAPTAIN

It is perchance that you yourself were saved.

VIOLA

O my poor brother! and so perchance may he be.

CAPTAIN

True, madam, and to comfort you with chance,
Assure yourself, after our ship did split,
10 When you and those poor number saved with you
Hung on our driving boat... I saw your brother,
Most provident in peril, bind himself—
Courage and hope both teaching him the practice—
To a strong mast that lived upon the sea;
Where, like Arion on the dolphin's back,
I saw him hold acquaintance with the waves
So long as I could see.

VIOLA

                    For saying so, there's gold :
Mine own escape unfoldeth to my hope,
Whereto thy speech serves for authority,
20 The like of him. Know'st thou this country?

CAPTAIN

Ay, madam, well, for I was bred and born
Not three hours' travel from this very place.

Il n'était pas noyé ? Qu'en pensez-vous, marins ?

LE CAPITAINE

Vous-même, c'est la chance qui vous a sauvée.

VIOLA

Mon pauvre frère ! Et s'il avait connu pareille chance ?

LE CAPITAINE

Sans doute, et pour vous consoler en y songeant,
Sachez-le, une fois notre vaisseau brisé,
Alors que vous et la poignée de rescapés
Vous agrippiez à la chaloupe dérivante,
Je l'ai vu, plein d'idée dans le péril, se lier —
Le courage et l'espoir étant ici ses maîtres —
A certain gros espar qui flottait par les ondes
Et là, tel Arion sur le dauphin juché,
Faire causette avec la vague aussi longtemps
Que mes yeux l'ont suivi.

VIOLA

                    Cet or pour tes paroles.
Ma propre chance persuade mon espoir,
Fort de l'autorité que ton récit lui donne,
Qu'il eut semblable sort. Connais-tu ce pays ?

LE CAPITAINE

Oui, madame, très bien : je suis né, j'ai grandi
A trois heures, ou même moins, de ce rivage.

VIOLA

Who governs here?

CAPTAIN

A noble duke, in nature as in name.

VIOLA

What is his name?

CAPTAIN

Orsino.

VIOLA

Orsino : I have heard my father name him.
He was a bachelor then.

CAPTAIN

And so is now, or was so very late :
30 For but a mouth ago I went from hence,
And then 'twas fresh in murmur—as, you know,
What great ones do the less will prattle of—
That he did seek the love of fair Olivia.

VIOLA

What's she?

VIOLA

Et qui gouverne ici ?

LE CAPITAINE

                    Un noble duc[6] ; oui, noble
De nature et de nom.

VIOLA

A savoir ?

LE CAPITAINE

Orsino.

VIOLA

C'est un nom que j'ai ouï prononcer par mon père.
Orsino ? Il était célibataire alors.

LE CAPITAINE

Comme il l'est, ou l'était encor voici fort peu :
Il n'y a pas un mois que j'ai quitté ces lieux
Et c'était un on-dit tout frais éclos pour lors
Qu'il courtisait l'amour — car, ce que font les grands,
Il faut, vous le savez, que les petits en jasent —
De la belle Olivie.

VIOLA

Qui est-elle ?

CAPTAIN

A virtuous maid, the daughter of a count
That died some twelvemonth since—then leaving her
In the protection of his son, her brother,
Who shortly also died : for whose dear love,
They say, she hath abjured the company
And sight of men.

VIOLA

40   O, that I served that lady,
And might not be delivered to the world,
Till I had made mine own occasion mellow,
What my estate is.

CAPTAIN

                    That were hard to compass,
Because she will admit no kind of suit,
No, not the duke's.

VIOLA

There is a fair behaviour in thee, captain,
And thought that nature with a beauteous wall
Doth oft close in pollution, yet of thee
I will believe thou hast a mind that suits
50 With this thy fair and outward character.
I prithee, and I'll pay thee bounteously,
Conceal me what I am, and be my aid
For such disguise as haply shall become
The form of my intent. I'll serve this duke,
Thou shalt present me as an eunuch to him,
It may be worth thy pains : for I can sing,

LE CAPITAINE

                    La fille
Vierge et chastement vertueuse d'un comte
Mort voici quelque douze mois en la laissant
Sous la protection d'un frère qui, bientôt,
Mourut de même et pour l'amour duquel elle a,
Ce dit-on, abjuré jusqu'à la vue des hommes.

VIOLA

Oh! comme je voudrais entrer à son service
Et cacher, jusqu'à temps que mon dessein mûrisse,
Ma condition.

LE CAPITAINE

                    Ce serait chose malaisée,
Car elle se dérobe à toutes les requêtes,
Vinssent-elles du Duc.

VIOLA

                    Il y a, capitaine,
Un air de bon aloi dans toute ta personne
Et, quoique la Nature ait souvent ceint le vice
D'un mur flatteur, je tiens que tu as, quant à toi,
Une âme qui répond à ta physionomie
Ouverte et généreuse : ainsi donc, je t'en prie —
Et je reconnaîtrai largement tes services —
Tais d'abord qui je suis, puis m'aide à revêtir
Quelque déguisement conforme à la substance
De mon présent dessein. Je servirai ce duc;
Tu me présenteras à lui comme un eunuque
Et non pas, du moins je m'en flatte, en pure peine :
Je sais chanter et je prétends lui faire entendre

And speak to him in many sorts of music,
That will allow me very worth his service.
What else may hap to time I will commit,
60 Only shape thou thy silence to my wit.

CAPTAIN

Be you his eunuch, and your mute I'll be,
When my tongue blabs, then let mine eyes not see!

VIOLA

I thank thee : lead me on.

[*they go.*

[I, 3.]

A ROOM IN OLIVIA'S HOUSE

Sir TOBY BELCH seated with drink before him, and MARIA.

SIR TOBY

What a plague means my niece, to take the death of her
brother thus? I am sure care's an enemy to life.

MARIA

By my troth, Sir Toby, you must come in earlier

Des airs si variés qu'il me tienne pour digne
De le servir. Je m'en remets aux soins du temps
Pour ce qui s'ensuivra : souviens-toi seulement
De bien apparier ton silence à ma ruse.

LE CAPITAINE

Vous serez son eunuque et moi votre muet :
Je veux perdre la vue si ma langue babille.

VIOLA

Merci. Mais conduis-moi.

Ils sortent.

SCÈNE III

UNE SALLE CHEZ OLIVIA

Messire TOBIE ROTEGRAS, *attablé devant un pot de vin, et*
MARIA.

MESSIRE TOBIE

Quelle maudite lubie possède ma nièce, pour prendre
de la sorte la mort de son frère ? Croyez-m'en, le
chagrin est l'ennemi de la vie.

MARIA

Par ma foi, messire Tobie, vous devriez rentrer plus tôt

o'nights : your cousin, my lady, takes great exceptions
to your ill hours.

SIR TOBY

Why, let her except before excepted.

MARIA

Ay, but you must confine yourself within the modest
limits of order.

SIR TOBY

Confine? I'll confine myself no finer than I am : these
10 clothes are good enough to drink in, and so be these
boots too : an they be not, let them hang themselves in
their own straps.

MARIA

That quaffing and drinking will undo you : I heard my
lady talk of it yesterday : and of a foolish knight, that
you brought in one night here, to be her wooer.

SIR TOBY

Who? Sir Andrew Aguecheek?

MARIA

Ay, he.

le soir : votre cousine ma maîtresse blâme très fort vos
heures indues.

MESSIRE TOBIE

Hé, qu'elle excepte de son blâme ceux qu'elle a déjà
blâmés[7].

MARIA

Bon, mais alors confinez-vous dans les sages limites de
la bonne tenue.

MESSIRE TOBIE

Me confiner? Je ne confinerai pas ma personne dans
plus fine tenue que celle-ci : ces habits sont assez bons
pour boire dedans et ces bottes itou; sinon, qu'elles
aillent se pendre par leurs tirants!

MARIA

Ces beuveries et ces bamboches vous perdront. J'ai
entendu madame en parler hier, comme aussi d'un niais
de chevalier que vous avez amené ici un soir pour lui
servir de prétendant.

MESSIRE TOBIE

Qui ça? Messire André Grisemine?

MARIA

Oui-da, lui-même.

SIR TOBY

He's as tall a man as any's in Illyria.

MARIA

What's that to th' purpose?

SIR TOBY

20 Why, he has three thousand ducats a year.

MARIA

Ay, but he'll have but a year in all these ducats; he's a
very fool and a prodigal.

SIR TOBY

Fie, that you'll say so! he plays o'th' viol-de-gamboys,
and speaks three or four languages word for word
without book, and hath all the good gifts of nature.

MARIA

He hath, indeed almost natural : for, besides that he's a
fool, he's a great quarreller : and but that he hath the
gift of a coward to allay the gust he hath in quarrelling,
'tis thought among the prudent he would quickly have
30 the gift of a grave.

MESSIRE TOBIE

C'est un aussi grand monsieur que quiconque en Illyrie.

MARIA

A quoi sa grande taille rime-t-elle en l'occurrence?

MESSIRE TOBIE

Hé mais, il a trois mille ducats l'an.

MARIA

Oui, mais, au bout de l'an, adieu tous ces ducats : c'est un sot fieffé et un prodigue.

MESSIRE TOBIE

Fi donc! Il joue de la viole de gambe, il vous parle trois ou quatre langues mot pour mot sans livre et il est nanti des meilleurs dons de la nature.

MARIA

Oui, vraiment, il est pour ainsi dire nature, car outre que c'est un sot, c'est un grand querelleur, et n'était que le don de la couardise vient tempérer chez lui le don de la querelle, les sages opinent qu'il aurait bientôt celui de faire le mort.

SIR TOBY

By this hand, they are scoundrels and substractors that
say so of him. Who are they?

MARIA

They that add, moreover, he's drunk nightly in your
compagny.

SIR TOBY

With drinking healths to my niece : I'll drink to her as
long as there is a passage in my throat and drink in
Illyria : he's a coward and a coystrill that will not drink
to my niece, till his brains turn o'th' toe like a parish-
top... [*he seizes her about the waist and they dance a turn*]
40 What, wench! † Castiliano vulgo; for here comes Sir
Andrew Agueface.

Sir Andrew Aguecheek enters.

SIR ANDREW

Sir Toby Belch! how now, Sir Toby Belch?

SIR TOBY

Sweet Sir Andrew!

SIR ANDREW

Bless you, fair shrew.

MESSIRE TOBIE

Par cette main, ce sont des sacripants et des soustracteurs[8] qui disent ça de lui. Qui sont-ils ?

MARIA

Ceux-là même qui ajoutent qu'il se saoule chaque soir
en votre compagnie.

MESSIRE TOBIE

En buvant à la santé de ma nièce : je boirai à sa santé
aussi longtemps qu'il y aura passage en ma gorge et de
quoi boire en Illyrie. C'est un couard et un goujat, celui
qui refuse de boire à la santé de ma nièce jusqu'à tant
que sa cervelle tourbillonne sur l'orteil comme toupie
de paroisse [qu'on fouette par temps de gel][9]. Allons,
petite ! Du lacryma Christi[10] ! car voici venir messire
André Grisemine.

Entre messire André Grisemine.

MESSIRE ANDRÉ

Messire Tobie Rotegras ! Comment va, messire Tobie
Rotegras ?

MESSIRE TOBIE

Ce cher Messire André !

MESSIRE ANDRÉ

Dieu vous bénisse, belle mâtine.

MARIA [*curtsies*].

And you too, sir!

SIR TOBY

Accost, Sir Andrew, accost.

SIR ANDREW

What's that?

SIR TOBY

My niece's chambermaid.

SIR ANDREW

50 Good Mistress Accost, I desire better acquaintance.

MARIA

My name is Mary, sir.

SIR ANDREW

Good Mistress Mary Accost,—

SIR TOBY

You mistake, knight : 'accost' is front her, board her, woo her, assail her.

MARIA

Et vous de même, monsieur.

MESSIRE TOBIE

Accoste, messire André, accoste!

MESSIRE ANDRÉ

Comment ça?

MESSIRE TOBIE

La chambrière[11] de ma nièce.

MESSIRE ANDRÉ

Bonne demoiselle Accoste, je désire faire plus ample connaissance.

MARIA

Mon nom est Marie, monsieur.

MESSIRE ANDRÉ

Bonne demoiselle Marie Accoste...

MESSIRE TOBIE

Tu erres, chevalier. « Accoste » signifie : aborde-la, attaque-la, courtise-la, assaille-la.

SIR ANDREW

By my troth, I would not undertake her in this
company. Is that the meaning of 'accost'?

MARIA

Fare you well, gentlemen.

[*she turns to go.*

SIR TOBY

An thou let part so, Sir Andrew, would thou mightst
never draw sword again.

SIR ANDREW

An you part so, mistress, I would I might never draw
sword again... Fair lady, do you think you have fools in
60 hand?

MARIA

Sir, I have not you by th'hand.

SIR ANDREW

Marry, but you shall have—and here's my hand.

[*he holds it out.*

MESSIRE ANDRÉ

Par ma foi je ne voudrais pas l'entreprendre en cette compagnie[12]. Est-ce là ce que veut dire « accoste » ?

MARIA

Adieu, messieurs.

Elle fait mine de sortir.

MESSIRE TOBIE

Si tu la laisses partir comme ça, Messire André, puisses-tu ne plus jamais tirer l'épée !

MESSIRE ANDRÉ

Si vous partez comme ça, madame, je ne veux plus jamais tirer l'épée. Belle dame, croyez-vous avoir des sots à manier ?

MARIA

Monsieur, je ne vous « manie » point.

MESSIRE ANDRÉ

Morbleu, vous le ferez : voici ma main.

MARIA [*takes it*].

Now, sir, 'thought is free'... [*she looks at his palm*] I pray you, bring your hand to th' buttery-bar, and let it drink.

SIR ANDREW

Wherefore, sweet-heart? what's your metaphor?

MARIA

It's dry, sir.

SIR ANDREW

Why, I think so; I am not such as ass, but I can keep my hand dry. But what's your jest?

MARIA

A dry jest, sir.

SIR ANDREW

70 Are you full of them?

MARIA

Ay, sir; I have them at my fingers' ends : marry, now I let go your hand, I am barren.

[*she drops his hand, curtsies and trips away.*

MARIA, *la lui prenant*

« La pensée est libre[13] », monsieur. *(Regardant la main de messire André.)* Portez-la au comptoir et donnez-lui à boire[14].

MESSIRE ANDRÉ

Pourquoi, mon doux cœur ? Quelle est votre métaphore ?

MARIA

Elle est à sec, monsieur [: rien n'en pleut][15].

MESSIRE ANDRÉ

Je crois bien qu'elle est à sec : je ne suis pas si niais que de ne pouvoir garder ma main de l'averse. Mais à quoi rime votre plaisanterie ?

MARIA

Elle rime avec pingrerie, monsieur.

MESSIRE ANDRÉ

En êtes-vous très féconde ?

MARIA

Oui-da, monsieur, j'en ai au bout de mes cinq doigts ; mais tenez, maintenant que j'ai lâché les vôtres, me voilà démunie des fadaises.

SIR TOBY [*sits*].

O knight, thou lack'st a cup of canary : when did I see thee so put down?

SIR ANDREW

Never in your life, I think, unless you see canary put me down... [*sits beside him*]. Methinks sometimes I have no more wit than a Christian or an ordinary man has : but I am a great eater of beef and I believe that does harm to my wit.

SIR TOBY

80 No question.

SIR ANDREW

An I thought that, I'd forswear it. I'll ride home to-morrow, Sir Toby.

SIR TOBY

Pourquoi, my dear knight?

SIR ANDREW

What is 'pourquoi'? do or not do? I would I had bestowed that time in the tongues, that I have in fencing, dancing, and bear-baiting : O, had I but followed the arts!

MESSIRE TOBIE

Ah! chevalier, tu as besoin d'une coupe de Canarie;
quand donc t'ai-je vu pareillement défait?

MESSIRE ANDRÉ

Jamais de votre vie, je crois, si ce n'est du fait du
Canarie. Il me semble parfois que je n'ai pas plus
d'esprit qu'un chrétien ou que le commun des mortels;
mais je suis un grand mangeur de bœuf et j'ai idée que
ça m'alourdit l'esprit.

MESSIRE TOBIE

C'est indubitable.

MESSIRE ANDRÉ

Si je croyais cela, j'abjurerais ledit bœuf. Demain je
m'en retourne chez moi à cheval, messire Tobie.

MESSIRE TOBIE

Perchè[16], mon cher chevalier?

MESSIRE ANDRÉ

Que veut dire « Perchè »? Que je dois m'en aller ou
pas? J'aurais bien dû consacrer aux langues le temps
que j'ai donné à l'escrime, à la danse et aux combats
d'ours. Oh, que n'ai-je cultivé les arts!

SIR TOBY [*fondles him*].

Then hadst thou had an excellent head of hair.

SIR ANDREW

Why, would that have mended my hair?

SIR TOBY

Past question, for thou seest it will not curl by nature.

SIR ANDREW

90 But it becomes me well enough, does't not?

SIR TOBY

Excellent! it hangs like flax on a distaff; and I hope to see a housewife take thee between her legs and spin it off.

SIR ANDREW

Faith, I'll home to-morrow, Sir Toby. Your niece will not be seen, or if she be it's four to one she'll none of me : the count himself here hard by woos her.

MESSIRE TOBIE

C'est alors que tu aurais eu les méninges excellemment ornées.

MESSIRE ANDRÉ

Comment ça, ç'aurait fait fructifier mes cheveux?

MESSIRE TOBIE

Sans aucun doute : tu vois bien qu'ils ne frisent pas naturellement.

MESSIRE ANDRÉ

Mais ils me vont passablement, n'est-il pas vrai?

MESSIRE TOBIE

A ravir! Ils pendent comme le chanvre d'une quenouille, et j'ai bon espoir de voir une commère te prendre entre ses jambes pour te filer.

MESSIRE ANDRÉ

Ma parole, je m'en retourne chez moi demain, messire Tobie. Votre nièce refuse de se montrer et, si elle vient à le faire, il y a quatre contre un à parier qu'elle ne voudra pas de moi : le duc lui-même, à deux pas d'ici, lui fait la cour.

SIR TOBY

She'll none o'th' count—she'll not match above her
degree, neither in estate, years, not wit; I have heard
her swear't. Tut, there's life in't, man.

SIR ANDREW

I'll stay a month longer... I am a fellow o'th' strangest
100 mind i'th' world : I delight in masques and revels
sometimes altogether.

SIR TOBY

Art thou good at these kickshawses, knight?

SIR ANDREW

As any man in Illyria, whatsoever he be, under the
degree of my betters, and yet I will not compare with an
old man.

SIR TOBY

What is thy excellence in a galliard, knight?

SIR ANDREW

Faith, I can cut a caper.

SIR TOBY

And I can cut the mutton to't.

MESSIRE TOBIE

Elle ne veut pas du duc : elle n'épousera personne qui soit au-dessus d'elle ou pour le rang ou pour les années ou pour l'esprit : je le lui ai entendu jurer. Tudieu, chevalier, il y a de l'espoir !

MESSIRE ANDRÉ

Je resterai un mois de plus. Je suis un luron de l'espèce la plus fantasque du monde, — et tout à fait fou, à mes heures, de mascarades et de danses.

MESSIRE TOBIE

Es-tu fort pour ces bagatelles-là, chevalier ?

MESSIRE ANDRÉ

Autant qu'homme d'Illyrie, quel qu'il soit, si on ne va pas le chercher parmi mes supérieurs, bien que toutefois je le cède à un vieux routier.

MESSIRE TOBIE

De quelle force es-tu à la gaillarde, chevalier ?

MESSIRE ANDRÉ

Ma parole, je sais vous tailler un entrechat.

MESSIRE TOBIE

Comme je vous taille des aiguillettes.

SIR ANDREW

And I think I have the back-trick simply as strong as
any man in Illyria.

SIR TOBY

110 Wherefore are these things hid? Wherefore have these
gifts a curtain before 'em? are they like to take dust, like
Mistress Mall's picture? why dost thou not go to church
in a galliard and come home in a coranto? My very walk
should be a jig; I would not so much as make water but
in a skin-a-pace. What dost thou means? Is it a world to
hide virtues in? I did think, by the excellent constitu-
tion of thy leg, it was formed under the star of a
galliard.

SIR ANDREW

Ay, 'tis strong, and it does indifferent well in a † dun-
coloured stock. Shall we set about some revels?

SIR TOBY

120 What shall we do else? were we not born under
Taurus?

SIR ANDREW

Taurus! That's sides and heart.

MESSIRE ANDRÉ

Et je crois bien que, pour le reculé, je vous l'exécute
tout simplement aussi bien qu'homme d'Illyrie.

MESSIRE TOBIE

Pourquoi ces accomplissements sont-ils cachés ? Pourquoi ces dons restent-ils sous le boisseau ? Risqueraient-
ils de s'empoussiérer comme le portrait de Madame
Petite-Vertu[17] ? Pourquoi ne vas-tu pas à l'église en
dansant la gaillarde pour t'en revenir en dansant la
courante ? Si j'étais toi, je ne marcherais que sur un pas
de gigue et je ne pisserais que sur un pas de cinq. A
quoi penses-tu ? Vivons-nous dans un monde où les
mérites se doivent cacher ? J'ai pensé d'emblée, à voir
l'excellente configuration de ta jambe, qu'elle avait été
moulée sous l'étoile de la gaillarde.

MESSIRE ANDRÉ

C'est vrai qu'elle est robuste et qu'elle fait assez bonne
figure dans un bas isabelle[18]... Mettrons-nous sur pied
quelques réjouissances ?

MESSIRE TOBIE

Que ferions-nous, sinon ? Ne sommes-nous pas nés
sous le signe du Taureau ?

MESSIRE ANDRÉ

Le Taureau ! Il gouverne les flancs et le cœur[19].

SIR TOBY

No, sir, it is legs and thighs... Let me see thee caper [*Sir Andrew leaps*]... Ha! higher : ha, ha! excellent!

[*they go.*

[I, 4.]

A ROMM IN THE DUKE'S PALACE

'*Enter VALENTINE, and VIOLA in man's attire.*'

VALENTINE

If the duke continue these favours towards you, Cesario, you are like to be much advanced. He hath known you but three days, and already you are no stranger.

VIOLA

You either fear his humour or my negligence, that you call in question the continuance of his love. Is he inconstant, sir, in his favours?

VALENTINE

No, believe me.

MESSIRE TOBIE

Non, monsieur, les jambes et les cuisses. Montre-moi
ton entrechat... Ah! plus haut! Ah, ah, excellent!

Ils sortent.

SCÈNE IV

UNE SALLE DANS LE PALAIS DU DUC

Entrent VALENTIN *et* VIOLA *en habit d'homme.*

VALENTIN

Si le Duc continue à vous témoigner pareille faveur,
Césario, je vous vois promis à un bel avancement : à
peine trois jours qu'il vous connaît et déjà vous n'êtes
plus un étranger.

VIOLA

Il faut que vous redoutiez son caprice ou ma négligence
pour mettre ainsi en cause la persévérance de ses
bonnes grâces. Est-il donc inconstant, monsieur, dans
ses faveurs?

VALENTIN

Non point, croyez-m'en.

VIOLA

I thank you. Here comes the count.

'Enter Duke, Curio and attendants.'

DUKE

Who saw Cesario, ho!

VIOLA

10 On your attendance, my lord, here.

DUKE

Stand you awhile aloof... [*Curio and attendants withdraw*]
                              Cesario,
Thou know'st no less but all : I have unclasped
To thee the book even of my secret soul.
Therefore, good youth, address thy gait unto her,
Be not denied access, stand at her doors,
And tell them, there thy fixed foot shall grow
Till thou have audience.

VIOLA

                              Sure, my noble lord,
If she be so abandoned to her sorrow
As it is spoke, she never will admit me.

VIOLA

Je vous remercie… voici le Duc.

'Entrent le Duc, Curio et des gens de la suite.'

LE DUC

A-t-on vu Césario? Holà!

VIOLA

Me voici, monseigneur : à vos ordres.

LE DUC

Écartez-vous quelques instants. Césario,
Tu ne sais rien de moins que tout : je t'ai ouvert
Le fermoir qui gardait le livre très secret
De mon cœur. Ainsi donc, dirige-toi vers elle,
Ne souffre pas qu'on t'éconduise, implante-toi
Devant sa porte et dis aux gens de sa maison
Qu'ayant pris pied en terre, eh bien, tu pousseras
Aussi longtemps qu'audience t'est refusée.

VIOLA

Assurément, mon noble maître, s'il est vrai
Qu'elle se soit consacrée toute à sa douleur,
Jamais je ne serai reçu.

DUKE

20 Be clamorous and leap all civil bounds
Rather than make unprofited return.

VIOLA

Say I do speak with her, my lord, what then?

DUKE

O, then unfold the passion of my love,
Surprise her with discourse of my dear faith:
It shall become thee well to act my woes;
She will attend it better in thy youth
Than in a nuncio's of more grave aspect.

VIOLA

I think not so, my lord.

DUKE

                              Dear lad, believe it;
For they shall yet belie thy happy years,
30 That say thou art a man: Diana's lip
Is not more smooth and rubious; thy small pipe
Is as the maiden's organ, shrill and sound—
And all is semblative a woman's part.
I know thy constellation is right apt
For this affair... [*he beckons attendants*]
                              Some four or five attend him,
All if you will; for I myself ... best
When least in company... Prosper well in this,

LE DUC

Fais du tapage,
Franchis tous les confins de la civilité,
Mais ne me reviens pas bredouille.

VIOLA

A supposer
Que je lui parle, monseigneur, que lui dirai-je?

LE DUC

O dépeins-lui la passion de mon amour,
Étonne-la par la peinture de ma foi.
Il te sied fort bien de mimer mes ennuis :
Elle y sera plus attentive en ta jeunesse
Que chez un messager de mine plus revêche.

VIOLA

J'en doute, monseigneur...

LE DUC

Crois-le, mon cher enfant,
Puisque aussi bien c'est démentir tes heureux ans
Que de t'appeler homme : Diane même
N'a point la lèvre plus vermeille, plus unie :
Le flûtiau de ta voix, perçant et clair, rappelle
Un organe de jeune fille, et tout en toi
Est comme féminin. Tes constellations
Sont favorables, je le sais, à cette affaire...
Allons, que cinq ou six d'entre vous l'accompagnent,
Tous si vous le voulez : moins j'ai de compagnie,
Mieux je me sens à l'aise. Ah! prospère en ceci

And thou shalt live as freely as thy lord,
To call his fortunes thine.

VIOLA

                    I'll do my best,
40 To woo your lady... [*aside*] Yet, ah! barful strife!
Whoe'er I woo, myself would be his wife.

                                        [*they go.*

[I, 5.]

*A ROOM IN OLIVIA'S HOUSE; AT THE BACK A CHAIR
OF STATE*

MARIA and CLOWN.

MARIA

Nay, either tell me where thou hast been, or I will not
open my lips so wide as a bristle may enter in way of thy
excuse : my lady will hang thee for thy absence.

CLOWN

Let her hang me : he that is well hanged in this world
needs to fear no colours.

MARIA

Make that good.

Et tu vivras aussi largement que ton maître,
En disant à bon droit que sa fortune est tienne.

VIOLA

Je ferai de mon mieux pour gagner votre dame.
(A part) Ingrats efforts! Avoir à courtiser pour lui
Alors que je voudrais moi-même être sa femme!

Ils sortent.

SCÈNE V

UNE SALLE CHEZ OLIVIA

MARIA *et* LE FOU.

MARIA

Allons, ou bien tu vas me dire où tu as été, ou bien je ne desserrerai pas les lèvres de la largeur d'un cheveu pour t'excuser : madame te fera pendre pour ton absence.

LE FOU

Qu'elle me pende : celui qui est bien pendu en ce monde n'a pas à craindre d'en voir de toutes les couleurs.

MARIA

Démontre cela.

CLOWN

He shall see none to fear.

MARIA

A good lenten answer : I can tell thee where that saying
was born, of 'I fear no colours.'

.

CLOWN

10 Where, good Mistress Mary?

MARIA

In the wars—and that may you be bold to say in your
foolery.

CLOWN

Well, God give them wisdom that have it; and those
that are fools, let them use their talents.

MARIA

Yet you will be hanged for being so long absent; or to
be turned away, is not that as good as a hanging to you?

CLOWN

Many a good hanging prevents a bad marriage ; and, for
turning away, let summer bear it out.

LE FOU

Il ne peut plus en voir aucunes.

MARIA

Bonne réponse pour les jours maigres. Je puis te dire d'où vient l'expression « je ne crains nulles couleurs ».

LE FOU

D'où cela, chère demoiselle Marie ?

MARIA

De la guerre[20]... et tu pourrais d'aventure conter cela parmi tes folies[21].

LE FOU

Ma foi, que Dieu donne de la sagesse à ceux qui en ont ; quant aux fous, qu'ils fassent usage de leurs talents !

MARIA

Tu n'en seras pas moins pendu pour être resté si longtemps absent — ou chassé, ce qui, pour toi, équivaut à la corde, crois-tu pas ?

LE FOU

On a vu plus d'une bonne pendaison prévenir un méchant mariage ; quant à être chassé, c'est, l'été, chose légère.

MARIA

You are resolute, then?

CLOWN

20 Not so neither, but I am resolved on two points—

MARIA

That if one break, the other will hold; or if both break,
your gasking fall.

CLOWN

Apt in good faith, very apt... [*she turns to go*] Well, go
thy way—if Sir Toby would leave drinking, thou wert
as witty a piece of Eve's flesh as any in Illyria.

MARIA

Peace, you rogue, no more o' that : here comes my
lady : make your excuse wisely, you were best.

[*she goes.*
The Lady Olivia enters in black, Malvolio and
attendants
following; she sits in her chair of state.

CLOWN [*feigns not to see them*]

Wit, an't be thy will, put me into good fooling! Those
wits that think they have thee, do very oft prove
30 fools; and I, that am sure I lack thee, may pass for a

MARIA

Tu es donc résolument intraitable?

LE FOU

Non, résolu seulement à tenir bon sur deux points...

MARIA

Afin, si l'un se rompt, que l'autre tienne. Mais, s'ils se rompent tous deux, voilà tes chausses à bas.

LE FOU

Pertinent, ma foi, tout à fait pertinent. Allons, va ton chemin. Si Messire Tobie dit adieu à la boisson, tu seras le plus finaud brin d'Ève qui soit en Illyrie[22].

MARIA

Motus, gredin : n'y reviens pas! Voici madame. Dévide prudemment tes excuses, cela vaudra mieux pour toi.

Elle sort.
Entrent Olivia et Malvolio.

LE FOU, *feignant de ne pas les voir.*

Esprit, inspire-moi, s'il te plaît, de fières folies! Tels beaux esprits qui croient te posséder, bien souvent se montrent des fous; et moi qui suis sûr d'être privé de toi, qui sais si je ne passerai pas pour un sage? Que dit

wise man. For what says Quinapalus? 'Better a witty
fool than a foolish wit.' [*turns*] God bless thee, lady!

OLIVIA

Take the fool away.

CLOWN

Do you not hear, fellows? Take away the lady.

OLIVIA

Go to, y'are a dry fool : I'll no more of you : besides,
you grow dishonest.

CLOWN

Two faults, madonna, that drink and good counsel will
amend : for give the dry fool drink, then is the fool not
dry : bid the dishonest man mend himself; if he mend,
⁴⁰ he is no longer dishonest; if he cannot, let the botcher
mend him; any thing that's mended is but patched :
virtue that transgresses, is but patched with sin, and sin
that amends is but patched with virtue... If that this
simple syllogism will serve, so : if it will not, what
remedy?   As there is no true cuckold but calamity, so
beauty's a flower : the lady bade take away the fool,
therefore I say again, take her away.

OLIVIA

Sir, I bade them take away you.

en effet Quinapalus ? « Mieux vaut un fou doué d'esprit
qu'un bel esprit pétri de niaiserie. » *(se retournant)* Dieu
te bénisse, maîtresse !

OLIVIA

Plus de fol ici : qu'on l'emmène.

LE FOU

N'entendez-vous pas, marauds ? Plus de folle : emmenez madame.

OLIVIA

Allez, vous êtes un plat bouffon : je ne veux plus de
vous. En outre, vous devenez malhonnête.

LE FOU

Deux défauts, madonna, dont bonne table et bons
conseils viendront à bout. Gavez bien un plat bouffon,
il cessera d'être plat ; enjoignez au malhonnête de
s'amender, s'il s'amende il ne sera plus malhonnête ; s'il
ne s'amende pas, que le ravaudeur lui rapetasse une
tenue : tout ce qui est rapetassé est bariolé de pièces[23],
la vertu qui transgresse est bariolée de vice et le vice qui
s'amende bariolé de vertu. Si ce simple syllogisme fait
l'affaire, très bien ; sinon, le remède, je vous prie ? De
même qu'il n'est de vrai cocu que le malheur[24], ainsi la
beauté n'est qu'une fleur. Madame a dit : plus de folle
ici. C'est pourquoi je répète : qu'on l'emmène.

OLIVIA

C'est vous, monsieur, que j'ai donné l'ordre d'emmener.

CLOWN

Misprision in the highest degree! Lady, 'Cucullus non
50 facit monachum'; that's as much to say as I wear not
motley in my brain... Good madonna, give me leave to
prove you a fool.

OLIVIA

Can you do it?

CLOWN

Dexteriously, good madonna.

OLIVIA

Make your proof.

CLOWN

I must catechize you for it, madonna. Good my mouse
of virtue, answer me.

OLIVIA

Well, sir, for want of other idleness, I'll bide your
proof.

CLOWN

Good madonna, why mourn'st thou?

LE FOU

Erreur complète sur la personne! Madame, « cucullus non facit monachum », ce qui revient à dire que ma cervelle ne porte pas de livrée bariolée. Bonne madonna, permettez-moi de vous prouver votre folie.

OLIVIA

Le peux-tu?

LE FOU

Dextrement, bonne madonna.

OLIVIA

Énonce ta preuve.

LE FOU

Il me faut vous faire réciter votre catéchisme. Ma bonne souricette de vertu, répondez-moi.

OLIVIA

Soit, monsieur; faute d'autres divertissements, j'écouterai votre preuve.

LE FOU

Bonne madonna, pourquoi mènes-tu deuil?

OLIVIA

Good fool, for my brother's death.

CLOWN

60 I think his soul is in hell, madonna.

OLIVIA

I know his soul is in heaven, fool.

.

CLOWN

The more fool, madonna, to mourn for your brother's
soul, being in heaven... Take away the fool, gentlemen.

OLIVIA

What think you of this fool, Malvolio? doth he not
mend?

MALVOLIO

Yes, and shall do, till the pangs of death shake him :
infirmity, that decays the wise, doth ever make the
better fool.

OLIVIA

Bon fou, pour la mort de mon frère.

LE FOU

Je crois que son âme est en enfer, madonna.

OLIVIA

Je sais que son âme est au ciel, fou !

LE FOU

D'autant plus folle êtes-vous, madonna, de mener deuil
sur l'âme de votre frère, qui est au ciel... Emmenez la
folle, messieurs.

OLIVIA

Que pensez-vous de ce fou, Malvolio ? Ne fait-il pas
amende honorable ?

MALVOLIO

Ouais, il ira s'amendant jusqu'à ce que les affaires de la
mort le secouent : l'âge infirme, qui ruine le sage,
parachève le fou.

CLOWN

God send you, sir, a speedy infirmity, for the better
increasing your folly! Sir Toby will be sworn that I am
70 no fox, but he will not pass his word for two pence that
you are no fool.

OLIVIA

How say you to that, Malvolio?

MALVOLIO

I marvel your ladyship takes delight in such a barren
rascal : I saw him put down the other day with an
ordinary fool that has no more brain than a stone. Look
you now, he's out of his guard already; unless you
laugh and minister occasion to him, he is gagged. I
protest, I take these wise men, that crow so at these set
kind of fools, no better than the fools' zanies.

OLIVIA

80 O, you are sick of self-love, Malvolio, and taste with a
distempered appetite. To be generous, guiltless, and of
free disposition, is to take those things for bird-bolts
that you deem cannon-bullets : there is no slander in an
allowed fool, though he do nothing but rail; nor no
railing in a known discreet man, though he do nothing
but reprove.

LE FOU

Dieu vous envoie, monsieur, une bonne infirmité qui fasse prospérer votre folie! Messire Tobie sera prêt à jurer que je ne suis pas un renard, mais il ne gagnera pas deux liards que vous n'êtes pas un fou.

OLIVIA

Que dites-vous à cela, Malvolio?

MALVOLIO

Je m'étonne que Votre Seigneurie prenne plaisir au commerce de ce vaurien inane. Je l'ai vu réduit à quia l'autre jour par un amuseur vulgaire qui n'a pas plus de cervelle qu'un caillou. Voyez, il est déjà au bout de son escrime : cessez de rire, de lui donner matière à repartie, le voilà bouche cousue. Je proteste que les personnes sensées qui s'esclaffent devant cette sorte de bouffons à l'esprit concerté ne dépassent pas dans mon estime les comparses des bouffons.

OLIVIA

Oh, vous êtes malade d'amour-propre, Malvolio : cela vous gâte l'appétit et le goût. Quand on a l'âme généreuse, innocente et enjouée, en essuie comme des fléchettes à sansonnets ce que vous prenez pour des boulets de canon ; il n'y a pas d'offense du fait d'un fou patenté quand bien même il ne serait que sarcasmes... non plus que de sarcasmes chez un homme réputé sage, quand bien même il ne ferait que gronder.

CLOWN

Now Mercury endue thee with leasing, for thou speakest well of fools!

Maria returns.

MARIA

Madam, there is at the gate a young gentleman much desires to speak with you.

OLIVIA

90 From the Count Orsino, is it?

MARIA

I know not, madam—'tis a fair young man, and well attended.

OLIVIA

Who of my people hold him in delay?

MARIA

Sir Toby, madam, you kinsman.

OLIVIA

Fetch him off, I pray you! he speaks nothing but madman; fie on him... [*Maria hurries away*] Go you, Malvolio : if it be a suit from the count, I am sick, or

LE FOU

Que Mercure te donne le don de fourber puisque tu dis du bien des fous!

Rentre Maria.

MARIA

Madame, il y a à la porte un jeune gentilhomme qui demande instamment à vous parler.

OLIVIA

De la part du Duc Orsino, n'est-ce pas?

MARIA

Je ne sais, madame. C'est un beau jeune homme, et bien escorté.

OLIVIA

Lesquels d'entre mes gens le font patienter?

MARIA

Messire Tobie, madame, votre cousin.

OLIVIA

Éloignez-le, je vous en prie; il ne fait que dire des insanités. Fi de lui! *(Sort Maria.)* Allez-y donc, Malvolio. Si c'est là quelque requête du Duc, je suis malade,

not at home... what you will, to dismiss it. [*Malvolio
goes*] Now you see, sir, how your fooling grows old, and
people dislike it.

CLOWN

100 Thou hast spoke for us, madonna as if thy eldest son
should be a fool : whose skull Jove cram with brains!
for—here he comes—one of thy kin, has a most weak
pia mater.

Sir Toby Belch staggers in.

OLIVIA

By mine honour, half drunk... What is he at the gate,
cousin ?

SIR TOBY [*speaks thick*].

A gentleman.

OLIVIA

A gentleman ? What gentleman ?

SIR TOBY

'Tis a gentleman here... [*hiccoughs*] A plague o'these
pickle-herring... [*Clown laughs*] How now, sot!

ou sortie...[25] ce que vous voudrez, mais renvoyez-le.
(Sort Malvolio.) Eh bien, monsieur, vous voyez que vos
bouffonneries commencent à rancir et à déplaire.

LE FOU

Tu as parlé pour nous, madonna, comme si ton fils aîné
devait être un fou. Puisse Jupin lui nantir le crâne de
cervelle, car l'un de tes parents — que voici! — a la
pie-mère débile.

Entre messire Tobie Rotegras, titubant.

OLIVIA

A moitié ivre, son mon honneur! Qui est à la porte,
cousin?

MESSIRE TOBIE

Un gentilhomme.

OLIVIA

Un gentilhomme? Quel gentilhomme?

MESSIRE TOBIE

C'est un gentilhomme... *(hoquet)* La peste soit de ces
harengs marinés! *(le Fou rit)* Qu'est-ce à dire, maître
sot?

CLOWN

Good Sir Toby—

OLIVIA

110 Cousin, cousin, how have you come so early by this
lethargy?

SIR TOBY

Lechery! I defy lechery... There's one at the gate.

OLIVIA

Ay, marry, what is he?

SIR TOBY

Let him be the devil, an he will, I care not : give me
'faith', say I... [*he totters to the door*] Well, it's all one.

[*he goes.*

OLIVIA

What's a drunken man like, fool?

CLOWN

Like a drowned man, a fool, and a mad man : one
draught above heat makes him a fool, the second mads
him, and a third drowns him.

LE FOU

Bon messire Tobie...

OLIVIA

Cousin, cousin, comment pouvez-vous choir de si bonne heure dans cet état d'inconscience?

MESSIRE TOBIE

De concupiscence[26]! Je défie la concupiscence!... Il y a quelqu'un à la porte...

OLIVIA

Oui, par la Vierge, mais qui est-ce?

MESSIRE TOBIE

Qu'il soit le Diable s'il veut, je ne m'en soucie point dès lors que j'ai la foi[27]... Bah! c'est tout un...

Il sort.

OLIVIA

A quoi ressemble un homme ivre, fou?

LE FOU

A un noyé, à un bouffon et à un dément : le premier coup qui l'enfièvre en fait un bouffon, le second un dément, et le troisième le noie.

OLIVIA

Go thou and seek the crowner, and let him sit o' my
120 coz; for he's in the third degree of drink : he's drowned : go look after him.

CLOWN

He is but mad yet, madonna, and the fool shall look to
the madman.

[*he follows Sir Toby.*
Malvolio returns.

MALVOLIO

Madam, you young fellow swears he will speak with
you. I told him you were sick, he takes on him to
understand so much, and therefore comes to speak with
you. I told him you were asleep, he seems to have a
foreknowledge of that too, and therefore comes to speak
with you. What is to be said to him, lady? he's fortified
against any denial.

OLIVIA

130 Tell him he shall not speak with me.

MALVOLIO

Has been told so; and he says he'll stand at your door
like a sheriff's post, and be the supporter to a bench,
but he'll speak with you.

OLIVIA

Va-t'en chercher le coroner, qu'il instruise le cas de mon cousin, car il est au troisième degré de la boisson, j'entends : noyé.

LE FOU

Il n'en est encore qu'à la démence, madonna, et le fou prendra soin du dément.

Il sort, suivant messire Tobie.
Rentre Malvolio.

MALVOLIO

Madame, ce jouvenceau jure qu'il vous parlera. Je lui ai dit que vous étiez malade, il proteste qu'il le sait, ce pourquoi il vient vous parler. Je lui ai dit que vous dormiez, de cela aussi il semble avoir eu le pressentiment, ce pourquoi il vient vous parler. Que lui dire, madame ? Il est armé contre tous les refus.

OLIVIA

Dites-lui qu'il ne me parlera pas.

MALVOLIO

Cela lui a été signifié, mais il déclare qu'il se plantera à votre porte comme le poteau qui marque la maison du shérif, qu'il se fera pied de banc, mais qu'il vous parlera.

OLIVIA

What kind o' man is he?

MALVOLIO

Why, of mankind.

OLIVIA

What manner of man?

MALVOLIO

Of very ill manner; he'll speak with you, will you, or
no.

OLIVIA

Of what personage and years is he?

MALVOLIO

Not yet old enough for a man, nor young enough for a
140 boy; as a squash is before 'tis a peascod, or a codling
when 'tis almost an apple : 'tis with him in standing
water between boy and man. He is very well-favoured
and he speaks very shrewishly; one would think his
mother's milk were scarce out of him.

OLIVIA

Let him approach... Call in my gentlewoman.

OLIVIA

Quel genre d'homme est-ce?

MALVOLIO

Oh! un spécimen du genre homo.

OLIVIA

Quelle façon d'homme?

MALVOLIO

Un homme de fort mauvaises façons : il entend vous
parler, que vous le vouliez ou non.

OLIVIA

Quelle mine a-t-il? Quel âge?

MALVOLIO

Ni assez âgé pour un homme, ni assez jeune pour un
garçonnet; comme la jeune gousse avant que les pois
soient formés; comme le fruit qui pointe et va devenir
pomme : à la morte-eau, entre le garçon et l'homme. Il
est des mieux faits et vous élève une voix des plus
criardes. A peine, dirait-on, si le lait de sa mère est sorti
de lui.

OLIVIA

Qu'il vienne. Appelez ma suivante.

MALVOLIO [*goes to the door*].

Gentlewoman, my lady calls.

> [*he departs.*
> *Maria returns.*

OLIVIA

Give me my veil : come, throw it o'er my face—We'll
once more hear Orsino's embassy.

> [*Maria veils her.*
> *Viola (as Cesario) enters.*

VIOLA

The honourable lady of the house, which is she?

OLIVIA

150 Speak to me, I shall answer for her : your will?

VIOLA

Most radiant, exquisite, and unmatchable beauty!—I
pray you, tell me if this be the lady of the house, for I
never saw her. I would be loath to cast away my speech;
for besides that it is excellently well penned, I have
taken great pains to con it. Good beauties, let me
sustain no scorn; I am very comptible, even to the least
sinister usage.

MALVOLIO, *allant à la porte.*

Suivante! madame vous appelle.

Il sort.
Rentre Maria.

OLIVIA

Donne-moi mon voile : viens, jette-le sur mon visage.
Nous allons entendre une fois encore l'ambassade
d'Orsino.

Entre Viola-Césario.

VIOLA

L'honorable dame de céans, quelle est-elle?

OLIVIA

Parlez-moi, je répondrai pour elle. Que voulez-vous?

VIOLA

Très radieuse, toute exquise et non pareille beauté,
dites-moi, je vous prie, si c'est la maîtresse de la maison
qui est devant moi, car je serais fort contrit de gaspiller
mon discours : outre qu'il est des mieux tournés, j'ai
pris la plus grande peine à me le mettre en tête.
Gracieuses beautés, ne m'exposez pas à la moquerie; je
suis très pointilleux : le plus léger manquement me
froisse.

OLIVIA

Whence came you, sir?

VIOLA

I can say little more than I have studied, and that
question's out of my part. Good gentle one, give me
160 modest assurance if you be the lady of the house, that I
may proceed in my speech.

OLIVIA

Are you a comedian?

VIOLA

No, my profound heart : and yet, by the very fangs of
malice I swear, I am not that I play. Are you the lady of
the house?

OLIVIA

If I do not usurp myself, I am.

VIOLA

Most certain, if you are she, you do usurp yourself; for
what is yours to bestow, is not yours to reserve. But this
is from my commission : I will on with my speech in
your praise, and then show you the heart of my message.

OLIVIA

D'où venez-vous, monsieur ?

VIOLA

Je ne saurais guère en dire plus long que je n'en ai appris, et cette question-là n'est point dans mon rôle. Charmante et noble dame, donnez-moi suffisante assurance que vous êtes la dame de céans afin que je poursuive mon discours.

OLIVIA

Êtes-vous un comédien ?

VIOLA

Nenni, âme pénétrante ; et toutefois je jure par les crocs mêmes de la malice, que je ne suis pas celui que je joue. Êtes-vous la maîtresse de la maison ?

OLIVIA

A moins que de commettre un abus de pouvoir, je la suis.

VIOLA

Il est bien certain, si vous l'êtes, que vous abusez de vous-même, car ce qui est à vous pour que vous le dispensiez n'est pas à vous pour que vous le reteniez. Mais ceci outrepasse mes instructions : je vais poursuivre mon discours à votre louange pour vous dévoiler ensuite le cœur de mon message.

OLIVIA

170 Come to what is important in't : I forgive you the
praise.

VIOLA

Alas, I took great pains to study it, and 'tis poetical.

OLIVIA

It is the more like to be feigned, I pray you keep it in. I
heard you were saucy at my gates, and allowed your
approach rather to wonder at you than to hear you. If
you be not mad, be gone; if you have reason, be brief :
'tis not that time of moon with me to make one in so
skipping a dialogue.

MARIA [*points to the hat in Viola's hand*].

Will you hoist sail, sir? here lies your way.

[*she opens the door to thrust her out.*

VIOLA [*resists*].

No, good swabber; I am to hull here a little longer...
180 Some mollification for your giant, sweet lady!

OLIVIA

Venez-en à ce qui importe ; je vous tiens quitte de la louange.

VIOLA

Hélas, j'ai eu bien de la peine à l'apprendre et elle est pétrie de poésie.

OLIVIA

Elle n'en a que plus de chance d'être fallacieuse. J'ai appris que vous faisiez l'impertinent à ma porte et je vous ai laissé approcher, plus curieuse de vous que de vous entendre. Si vous n'êtes pas fou[28], allez-vous-en ; si vous avez votre raison, soyez bref : je ne suis pas assez lunatique moi-même pour jouer un rôle dans un dialogue aussi hurluberlu.

MARIA

Voulez-vous mettre à la voile, monsieur ? Voici votre direction.

VIOLA

Non, aimable moussaillon, je compte rester en panne ici quelque temps encore... *(résistant à un assaut de Maria)* Chère dame, pourriez-vous désarmer un peu votre géante[29] ?

OLIVIA

Tell me your mind.

VIOLA

I am a messenger.

OLIVIA

Sure, you have some hideous matter to deliver, when
the courtesy of it is so fearful. Speak your office.

VIOLA

It alone concerns your ear. I bring no overture of war,
no taxation of homage; I hold the olive in my hand : my
words are as full of peace as matter.

OLIVIA

Yet you began rudely. What are you ? what would you ?

VIOLA

The rudeness that hath appeared in me have I learned
190 from my entertainment. What I am, and what I would,
are as secret as maidenhead : to your ears, divinity; to
any other's, profanation.

OLIVIA

Allons, que voulez-vous ?

VIOLA

Je suis un messager.

OLIVIA

Il faut que vous ayez quelque hideux message à délivrer après une entrée en matière aussi terrifique. Énoncez votre ambassade.

VIOLA

Elle ne concerne que votre oreille. Je n'apporte aucune déclaration de guerre, aucun ultimatum de soumission. Ma main brandit l'olivier. Mes paroles sont aussi lourdes de paix que d'importance.

OLIVIA

Pourtant vous avez commencé par la rudesse. Que voulez-vous ?

VIOLA

La rudesse qui s'est fait jour en moi me fut enseignée par l'accueil reçu. Ce que je suis et ce que je veux sont choses aussi secrètes que la virginité : pour votre oreille, parole sainte ; pour tout autre, profanation.

OLIVIA

Give us the place alone : we will hear this divinity...
[*Maria and attendants withdraw*] Now, sir, what is your
text?

VIOLA

Most sweet lady,—

OLIVIA

A comfortable doctrine, and much may be said of it.
Where lies your text?

VIOLA

In Orsino's bosom.

OLIVIA

In his bosom! In what chapter of his bosom?

VIOLA

200 To answer by the method, in the first of his heart.

OLIVIA

O, I have read it; it is heresy. Have you no more to say?

OLIVIA

Laissez-nous, que j'entende cette parole sainte. *(Sortent Maria et les gens de la suite.)* Eh bien, monsieur, votre texte ?

VIOLA

Très charmante dame...

OLIVIA

Réconfortante doctrine, et sur laquelle on pourrait longuement s'étendre. Où prenez-vous votre texte ?

VIOLA

Dans le cœur d'Orsino.

OLIVIA

Dans *son* cœur[30] ! Dans quel chapitre de son cœur ?

VIOLA

Pour répondre comme la table, dans le premier chapitre de son cœur.

OLIVIA

Oh ! je l'ai lu : c'est de l'hérésie. N'avez-vous rien d'autre à dire ?

VIOLA

Good madam, let me see your face.

OLIVIA

Have you any commission from your lord to negotiate
with my face? you are now out of your text: but we will
draw the curtain, and show you the picture... [*she
unveils*] Look you, sir, such a one I was—this present!
Is't not well done?

VIOLA

Excellently done, if God did all.

OLIVIA

210 'Tis in grain, sir, 'twill endure wind and weather.

VIOLA

'Tis beauty truly blent, whose red and white
Nature's own sweet and cunning hand laid on:
Lady, you are the cruell'st she alive,
If you will lead these graces to the grave,
And leave the world no copy.

OLIVIA

O, sir, I will not be so hard-hearted; I will give out
divers schedules of my beauty: it shall be inventoried,
and every particle and utensil labelled to my will: as,
Item, Two lips indifferent red; *Item*, Two grey eyes

VIOLA

Chère dame, laissez-moi voir votre visage.

OLIVIA

Votre maître vous a-t-il aucunement chargé de négocier
avec mon visage ? Vous vous écartez de votre texte.
Mais nous allons tirer le rideau et vous montrer le
portrait *(elle se dévoile)*. Voici ce que je fus : peint la
présente année[31] ! N'est-ce pas bien exécuté ?

VIOLA

Excellemment... si c'est bien Dieu qui a tout fait.

OLIVIA

C'est bon teint, monsieur : à l'épreuve du vent et de la
pluie.

VIOLA

Fier amalgame de beautés ! Ce blanc, ce rouge,
C'est l'exquise et savante main de la Nature
Qui les posa : vous n'avez pas votre pareille,
Madame, en cruauté, si vous pensez conduire
Ces grâces au tombeau sans en laisser copie.

OLIVIA

Oh ! non, monsieur, je n'aurai pas le cœur si dur. Je
dresserai divers états de ma beauté ; elle sera inventoriée
et chaque article, chaque élément s'en trouvera couché
sur mon testament. Par exemple, *item*, deux lèvres

with lids to them; *Item*, One neck, one chin, and so
220 forth. Were you sent hither to praise me?

VIOLA

I see you what you are, you are too proud;
But, if you were the devil, you are fair...
My lord and master loves you; O, such love
Could be but recompensed, though you were crowned
The nonpareil of beauty!

OLIVIA

How does he love me?

VIOLA

With adorations, fertile tears,
With groans that thunder love, with sighs of fire.

OLIVIA

Your lord does know my mind, I cannot love him :
Yet I suppose him virtuous, know him noble,
230 Of great estate, of fresh and stainless youth;
In voices well divulged, free, learned and valiant,
And in dimension and the shape of nature
A gracious person; but yet I cannot love him;
He might have took his answer long ago.

VIOLA

If I did love you in my master's flame,

passablement rouges ; *item*, deux yeux ardoise munis de
paupières ; *item*, un cou, un menton, et ainsi de suite.
Vous a-t-on envoyé ici pour m'évaluer ?

VIOLA

Je vous vois telle que vous êtes : trop fière ;
Mais, quand vous seriez le démon, vous êtes belle.
Mon seigneur et maître vous aime, ô d'un amour
Qui ne saurait être laissé sans récompense,
Fussiez-vous couronnée reine de la beauté !

OLIVIA

Et comment m'aime-t-il ?

VIOLA

Avec adoration
Et profusion de pleurs et tonnerre de plaintes
Où son amour éclate avec d'ardents soupirs.

OLIVIA

Votre maître connaît mon humeur : je ne puis
L'aimer. Pourtant je le présume vertueux,
Je le sais noble, de haut rang, dans la fraîcheur
D'une jeunesse immaculée, docte, vaillant,
Bien famé, gracieux de corps et de tournure ;
Néanmoins je ne puis l'aimer : que ne s'est-il
Contenté d'ores et déjà de ma réponse ?

VIOLA

Si je brûlais d'amour comme fait monseigneur,

With such a suff'ring, such a deadly life,
In your denial I would find no sense,
I would not understand it.

OLIVIA

Why, what would you?

VIOLA

Make me a willow cabin at your gate,
240 And call upon my soul within the house,
Write loyal cantons of contemnéd love,
And sing them loud even in the dead of night;
Holla your name to the reverberate hills,
And make the babbling gossip of the air
Cry out 'Olivia!' O, you should not rest
Between the elements of air and earth,
But you should pity me.

OLIVIA

You might do much :
What is your parentage?

VIOLA

Above my fortunes, yet my state is well :
250 I am a gentleman.

OLIVIA

Get you to your lord;
I cannot love him : let him send no more,

Si je souffrais autant que lui, mourant ma vie,
Je tiendrais vos refus pour dénués de sens :
Ils seraient lettre morte.

OLIVIA

Et que feriez-vous donc ?

VIOLA

Je construirais, madame, une hutte de saule
A votre porte, afin d'interpeller mon âme
Captive dans vos murs ; j'écrirais sur le thème
De mon amour transi des complaintes fidèles
Et je les chanterais au plus noir de la nuit ;
Je crierais votre nom à l'Écho des collines
En contraignant l'aérienne cancanière
A crier : « Olivie ! » Oh, vraiment, tout repos
Vous serait refusé entre ciel et terre
Si vous ne consentiez à me prendre en pitié.

OLIVIA

Vous pourriez beaucoup... Quelle est votre naissance ?

VIOLA

Plus élevée que ma fortune, qui pourtant
Est prospère : je suis gentilhomme, madame.

OLIVIA

Retournez chez votre maître : je ne saurais
Répondre à son amour. Qu'il n'envoie plus vers moi...

Unless—perchance—you come to me again,
To tell me now he takes it... Fare you well :
I thank you for your pains : spend this for me.

[*offers money.*

VIOLA

I am no fee'd post, lady; keep your purse.
My master, not myself, lacks recompense.
Love make his heart of flint that you shall love,
And let your fervour like my master's be
Placed in contempt! Farewell, fair cruelty.

[*she goes.*

OLIVIA

260 'What is your parentage?'
   'Above my fortunes, yet my state is well :
   I am a gentleman'... I'll be sworn thou art!
   Thy tongue, thy face, thy limbs, actions, and spirit,
   Do give thee five-fold blazon... Not too fast : soft! soft!
   Unless the master were the man... [*she muses*] How
   now!
   Even so quickly may one catch the plague?
   Methinks I feel this youth's perfections
   With an invisible and subtle stealth
   To creep in at mince eyes... Well, let it be...
270 What, ho, Malvolio!

Malvolio returns.

MALVOLIO

Here, madam, at your service.

A moins que, par hasard, vous ne me veniez dire
Comment il prend la chose. Bon retour. Merci
De votre peine et dépensez ceci pour moi.

VIOLA

Je ne suis point, madame, un messager à gages.
Veuillez garder votre bourse, car c'est mon maître
Qui a besoin de récompense et non pas moi.
Que l'Amour, à celui qu'élira votre amour
Fasse un cœur de silex et d'un dédain pareil
Rétribue votre ardeur! Adieu, belle cruelle.

Elle sort.

OLIVIA

« Quelle est votre naissance? »
« Plus élevée que ma fortune qui pourtant
Est prospère : je suis gentilhomme, madame. »
Que tu le sois, j'en jurerais, car tes paroles,
Tes gestes, ton esprit, ton visage, tes membres
Te donnent cinq quartiers de noblesse au lieu d'un.
Doucement, doucement! Pas si vite! Le maître
N'est point le serviteur... Eh! quoi, la maladie
Se peut-elle attraper si tôt? Je crois sentir
Les perfections de ce jeune homme s'introduire
Furtivement, subtilement, par mes prunelles...
Hé, qu'il en soit ainsi... Malvolio!

Entre Malvolio.

MALVOLIO

Madame?

OLIVIA

Run after that same peevish messenger,
The county's man : he left this ring behind him,
Would I or not; tell him I'll none of it.
Desire him not to flatter with his lord,
Nor hold him up with hopes—I am not for him :
If that the youth will come this way to-morrow,
I'll give him reasons for't... Hie thee, Malvolio.

MALVOLIO

Madam, I will.

[*he hurries forth.*

OLIVIA

I do I know not what, and fear to find
280 Mine eye too great a flatterer for my mind...
Fate, show thy force—ourselves we do not owe—
What is decreed, must be; and be this so!

[*she goes.*

OLIVIA

Rattrape-moi cet effronté de messager,
L'homme du Duc : il a laissé derrière lui
Cette bague, quoi que j'en eusse ; dis-lui bien
Que je n'en ai que faire et qu'il ne doit flatter
Son maître d'aucune espérance à mon endroit :
Je ne suis pas pour lui. Si demain ce jeune homme
Veut passer par ici, je lui en donnerai
Mes raisons. Hâte-toi.

MALVOLIO

                    Vous serez obéie,
Madame.

Il sort.

OLIVIA

        Je ne sais ce que je fais. J'ai peur
Que mes yeux ne m'aient bel et bien tourné la tête.
Destinée, montre ton pouvoir, puisque nous-mêmes
Ne nous possédons point ; ce qui est décrété
Doit être : eh bien, pareillement, que ceci soit !

Elle sort.

ACTE II

At the door of Antonio's house

ANTONIO *and* SEBASTIAN.

ANTONIO

Will you stay no longer? nor will you not that I go with you?

SEBASTIAN

By your patience, no : my stars shine darkly over me; the malignancy of my fate might perhaps distemper yours; therefore I shall crave of you your leave that I may bear my evils alone; it were a bad recompense for your love, to lay any of them on you.

ANTONIO

Let me yet know of you whither you are bound.

SCÈNE PREMIÈRE

Devant la maison d'Antonio[32]

ANTONIO *et* SÉBASTIEN.

ANTONIO

Vous ne voulez pas rester plus longtemps? Ni davantage que je vous accompagne[33]?

SÉBASTIEN

Non pas, avec votre permission. Mes étoiles jettent sur moi de sombres feux et la malignité de mon sort pourrait venir à troubler le vôtre; c'est pourquoi, je vous en prie, laissez-moi souffrir seul mes infortunes : ce serait mal récompenser votre amitié que de vous imposer aucune d'elles.

ANTONIO

Faites-moi connaître au moins votre destination.

SEBASTIAN

No, sooth, sir : my determinate voyage is mere extra-
10 vagancy. But I perceive in you so excellent a touch of
modesty, that you will not extort from me what I am
willing to keep in ; therefore it charges me in manners
the rather to express myself... You must know of me
then, Antonio, my name is Sebastian, which I called
Roderigo. My father was that Sebastian of Messaline,
whom I know you have heard of. He left behind him
myself and a sister, both born in an hour : if the
heavens had been pleased, would we had so ended ! But
you, sir, altered that, for some hour before you took me
20 from the breach of the sea was my sister drowned.

ANTONIO

Alas, the day !

SEBASTIAN

A lady, sir, though it was said she much resembled me,
was yet of many accounted beautiful : but, though I
could not with such estimable wonder overfar believe
that, yet thus far I will boldly publish her—she bore a
mind that envy could not but call fair... She is drowned
already, sir, with salt water, though I seem to drown
her remembrance again with more.

ANTONIO

Pardon, me, sir, your bad entertainment.

SÉBASTIEN

En vérité, monsieur, je ne saurais : je n'ai d'autre
dessein que de pérégriner à l'aventure. Mais vous êtes
imbu d'une trop rare discrétion, je le sens bien, pour
vouloir m'extorquer ce que je désire garder en mon
intime ; je n'en suis que plus tenu, en bonne courtoisie,
de me présenter. Sachez donc, Antonio, que mon nom
est Sébastien, quoique j'aie pris celui de Roderigo. Mon
père était ce Sébastien de Messalie[34] dont, je le sais,
vous avez ouï parler. Il mourut en laissant deux enfants,
moi-même et ma sœur, qu'un même instant avait vu
naître. Plût aux cieux qu'un même instant nous eût vus
mourir ! C'est vous, monsieur, qui l'empêchâtes, car
une heure avant que vous m'eussiez arraché à la houle,
ma sœur s'était noyée.

ANTONIO

Hélas !

SÉBASTIEN

Une jeune fille, monsieur, dont bien des voix — encore
qu'elle me ressemblât, disait-on — vantaient la beauté.
Il ne m'appartient pas à cet égard de pousser si haut la
louange, mais ce que je puis du moins proclamer
hardiment, c'est que l'envie même était contrainte de
lui accorder une belle âme. La voilà noyée, monsieur,
dans l'onde amère, bien que je ne fasse, semble-t-il qu'y
noyer plus avant sa mémoire.

ANTONIO

Pardonnez-moi, monsieur, ma méchante hospitalité.

SEBASTIAN

30 O, good Antonio, forgive me your trouble.

ANTONIO

If you will not murder me for my love, let me be your
servant.

SEBASTIAN

If you will not undo what you have done, that is, kill
him whom you have recovered, desire it not. Fare ye
well at once. My bosom is full of kindness, and I am yet
so near the manners of my mother, that upon the least
occasion more mine eyes will tell tales of me... [*they
clasp hands*] I am bound to the Count Orsino's court—
farewell!

[*he goes.*

ANTONIO

The gentleness of all the gods go with thee!
40 I have many enemies in Orsino's court,
Else would I very shortly see thee there :
But, come what may, I do adore thee so,
That danger shall seem sport, and I will go.

[*he goes in.*

SÉBASTIEN

O mon cher Antonio, c'est à vous de me pardonner
l'ennui que je vous ai causé.

ANTONIO

Si vous ne voulez pas me donner la mort en retour de
votre affection, permettez-moi de vous servir.

SÉBASTIEN

Si vous-même ne voulez pas défaire ce que vous fîtes,
c'est-à-dire tuer celui que vous avez sauvé, renoncez-y.
Adieu une fois pour toutes. Mon cœur est gonflé de
tendresse et je suis encore si proche des façons de ma
mère qu'il s'en faut d'un rien que mes yeux me tra-
hissent. Je m'en vais à la cour du duc Orsino. Adieu!

Il sort.

ANTONIO

Que la faveur de tous les dieux soit ton escorte!
J'ai plus d'un ennemi à la cour d'Orsino,
Autrement je courrais t'y rejoindre aussitôt...
Advienne que pourra! Car je t'aime si fort
Que le danger, là-bas, me sera comme un sport[35].

Il entre.

[II, 2.]

A STREET NEAR OLIVIA'S HOUSE

VIOLA approaches, MALVOLIO following after.

MALVOLIO [*comes up*].

Were not you e'en now with the Countess Olivia?

VIOLA

Even now, sir. On a moderate pace I have since arrived
but hither.

MALVOLIO [*sharply*].

She returns this ring to you, sir; you might have saved
me my pains, to have taken it away yourself. She adds
moreover, that you should put your lord into a desperate assurance she will none of him : and one thing
more, that you be never so hardy to come again in his
affairs, unless it be to report your lord's taking of this...
10 [*he holds out the ring*] Receive it so.

VIOLA

She took the ring of me... I'll none of it.

SCÈNE II

UNE RUE PRÈS DE LA MAISON D'OLIVIA

Entre VIOLA, *suivie de* MALVOLIO.

MALVOLIO

N'étiez-vous pas à l'instant avec la Comtesse Olivia?

VIOLA

A l'instant, monsieur. Depuis lors un pas modéré ne m'a pas porté plus loin qu'ici.

MALVOLIO

Elle vous retourne cette bague, monsieur; vous auriez pu m'épargner un dérangement en l'emportant vous-même. Elle vous invite au surplus à pénétrer votre maître de l'assurance sans espoir qu'elle ne veut point de lui. Et en dernier lieu elle entend que vous n'ayez pas la hardiesse de revenir agiter sa requête, si ce n'est pour lui rapporter comment votre maître a pris la chose *(tendant l'anneau)*. Recevez l'objet.

VIOLA

Elle a pris la bague de mes mains : je n'en veux pas.

MALVOLIO

Come, sir, you peevishly threw it to her; and her will is,
it should be so returned : [*he throws it at her feet*] if it be
worth stooping for, there it lies in your eye; if not, be it
his that finds it.

[*he walks off.*

VIOLA

I left no ring with her : what means this lady?
Fortune forbid my outside have not charmed her!
She made good view of me, indeed so much,
That as methought her eyes had lost her tongue,
20 For she did speak in starts distractedly...
She loves me, sure—the cunning of her passion
Invites me in this churlish messenger...
None of my lord's ring! why, he sent her none...
I am the man—if it be so, as 'tis,
Poor lady, she were better love a dream...
Disguise, I see thou art a wickedness,
Wherein the pregnant enemy does much.
How easy is it for the proper-false
In women's waxen hearts to set their forms!
30 Alas, our frailty is the cause, not we,
For such as we are made of, such we be...
How will this fadge? My master loves her dearly,
And I (poor monster!) fond as much on him :
And she, mistaken, seems to dote on me :
What will become of this? As I am man,
My state is desperate for my master's love;
As I am woman—now alas the day!—
What thriftless sighs shall poor Olivia breathe?
O time, thou must untangle this, not I,
40 It is too hard a knot for me t'untie.

[*she goes.*

MALVOLIO

Allons, monsieur, vous la lui jetâtes avec impudence, et
sa volonté est qu'elle vous soit retournée de même. *(Il
jette l'anneau aux pieds de Viola.)* Si elle vaut la peine
qu'on se baisse, la voilà par terre sous vos yeux; sinon,
qu'elle soit à qui la trouve.

Il sort.

VIOLA

Je n'ai point laissé de bague : qu'a-t-elle en tête?
Pourvu que mes dehors ne l'aient pas séduite!
Elle m'a beaucoup regardée, tant à vrai dire
Que ses yeux égaraient sa langue, semblait-il,
Car son discours avait des sautes éperdues.
Elle m'aime, pour sûr : sa passion rusée
Me requiert par ce maussade messager.
Me refuser tout net la bague de mon maître!
Mais mon maître jamais ne lui en fit tenir.
C'est moi qui suis en cause. Ah! s'il en est ainsi,
Comme il l'est en effet, mieux vaudrait, malheureuse,
Aimer un songe. Travesti, tu es péché
Et de toi l'Ennemi fécond tire avantage.
Qu'il est facile aux beaux enjôleurs de graver
Sur la cire d'un cœur de femme leur empreinte!
Hélas, qu'y pouvons-nous? Nous sommes trop fragiles
Et ne saurions laisser d'être ce qu'on nous fit.
Comment cela va-t-il tourner? Mon maître l'aime
Avec ardeur, et moi, pauvre monstre, c'est lui
Que non moins ardemment j'aime, cependant qu'elle
Semble, dans sa méprise, être entichée de moi.
Qu'en va-t-il advenir? En tant que je suis homme,
Mon amour pour mon maître est un cas sans espoir;
En tant que je suis femme, hélas, quels vains soupirs
Vais-je faire exhaler à la pauvre Olivia?
O temps, défais ce nœud trop embrouillé pour moi.

Elle sort.

[II, 3.]

*A ROOM IN OLIVIA'S HOUSE; A BENCH AND A TABLE
WITH COLD VIANDS AND DRINKING-VESSELS
THEREON*

Sir TOBY BELCH *and Sir* ANDREW AGUECHEEK
enter, drunk.

SIR TOBY [*sits at table*].

Approach, Sir Andrew : [*Sir Andrew follows with diffi-
culty*] not to be a-bed after midnight is to be up betimes ;
and 'diluculo surgere', thou know'st, —

SIR ANDREW [*sits beside him*].

Nay, by my troth, I know not : but I know, to be up
late is to be up late.

[*he eats.*

SIR TOBY [*takes up a pot and finds it empty*].

A false conclusion : I hate it as an unfilled can. To be
up after midnight and to go to bed then, is early ; so that
to go to bed after midnight is to go to bed betimes. Does
not our life consist of the four elements ?

SCÈNE III

UNE SALLE CHEZ OLIVIA

Entrent messire TOBIE ROTEGRAS *et messire* ANDRÉ GRISE-MINE, *ivres.*

MESSIRE TOBIE, *s'attablant.*

Approche, messire André. Ne pas être au lit après minuit, c'est être debout de bon matin; et « diluculo surgere »[36], tu sais...

MESSIRE ANDRÉ, *s'attablant de même.*

Non, par ma foi, je ne sais pas; mais je sais qu'être debout tard, c'est être debout tard.

il mange.

MESSIRE TOBIE

Fausse conclusion : je la réprouve comme un flacon vide. Être debout après minuit et s'aller coucher alors, c'est s'aller coucher au matin, en sorte que s'aller coucher après minuit, c'est s'aller coucher de bonne heure. Notre vie n'est-elle pas constituée par les quatre éléments ?

SIR ANDREW [*his mouth full*].

10 Faith, so they say—but I think it rather consists of
eating and drinking.

SIR TOBY

Th'art a scholar; let us therefore eat and drink. [*bawls*]
Marian, I say! a stoup of wine!

The Clown comes in.

SIR ANDREW

Here comes the fool, i'faith.

CLOWN [*sits between them upon the bench*].

How now, my hearts! Did you never see the picture of
'we three'?

SIR TOBY

Welcome, ass. Now let's have a catch.

SIR ANDREW

By my troth, the fool has an excellent breast. I had
rather than forty shillings I had such a leg, and so sweet
20 a breath to sing, as the fool has. In sooth, thou wast in
very gracious fooling last night, when thou spok'st of
Pigrogromitus, of the Vapians passing the equinoctial
of Queubus; 'twas very good, i'faith... I sent thee
sixpence for thy leman—hadst it?

MESSIRE ANDRÉ

Ma foi, on le dit, mais je crois plutôt qu'elle est constituée par le boire et le manger.

MESSIRE TOBIE

Tu es un savant. Par conséquent, mangeons et buvons. Çà, Marianne, un hanap de vin!

Entre le Fou.

MESSIRE ANDRÉ

Voici venir le fou, sur ma foi.

LE FOU

Eh bien, mes jolis cœurs! N'avez-vous jamais vu l'enseigne des Trois Têtes d'Ane[37]?

MESSIRE TOBIE

Bienvenue, baudet. Et maintenant, allons-y d'un canon!

MESSIRE ANDRÉ

Par ma foi, le fou a un excellent organe. Je donnerai bien deux livres pour avoir la jambe du fou et un timbre de voix aussi musical. En vérité, tu étais en veine de gracieuses boufonneries hier soir quand tu as parlé de Pigrogromitus et des Vapiens passant l'équinoxiale de Queubus[38]. Je t'ai envoyé six sols pour ta bonne amie : les as-tu reçus?

CLOWN

I did impetticoat thy gratillity : for Malvolio's nose is
no whipstock : my lady has a white hand, and the
Myrmidons are no bottle-ale houses.

SIR ANDREW

Excellent! why, this is the best fooling, when all is
done. Now, a song.

SIR TOBY

30 Come on, there is sixpence for you. Let's have a song.

SIR ANDREW

There's testril of me too : if one knight give a—

CLOWN

Would you have a love-song, or a song of good life?

SIR TOBY

A love-song, a love-song.

SIR ANDREW

Ay, ay. I care not for good life.

LE FOU

J'ai empocaché votre pécunicule, car le nez de Malvolio n'est pas un soliveau, ma maîtresse a blanche main et les Myrmidons ne débitent point de petite bière[39].

MESSIRE ANDRÉ

Excellent! C'est encore la meilleure bouffonnerie, tout compte fait. Maintenant, une chanson.

MESSIRE TOBIE

Allons, voici six sols pour toi. Nous voulons une chanson.

MESSIRE ANDRÉ

Voici encore un téton d'argent de ma part : quand un chevalier se mêle de donner...

LE FOU

Voulez-vous une chanson d'amoureux ou une chanson de bon vivant?

MESSIRE TOBIE

Une chanson d'amour, une chanson d'amour.

MESSIRE ANDRÉ

Que oui, que oui, je me soucie peu de mener une « bonne vie »[40], moi.

CLOWN [*sings*]

O mistress mine, where are you roaming?
O, stay and hear, your true love's coming,
    That can sing both high and low.
Trip no further pretty sweeting :
Journeys end in lovers meeting,
40   Every wise man's son doth know.

SIR ANDREW

Excellent good, i'faith!

SIR TOBY

Good, good.

CLOWN [*sings*].

What is love, 'tis not hereafter,
Present mirth hath present laughter :
    What's to come is still unsure.
In delay there lies no plenty,
Then come kiss me, sweet and twenty :
    Youth's a stuff will not endure.

SIR ANDREW

A mellifluous voice, as I am true knight.

SIR TOBY

50 A contagious breath.

LE FOU, *chantant*.

Ma douce amie, où t'encours-tu ?
Arrête, écoute, ô ne fuis plus :
Mon amour chantera pour toi
Sur tous les tons que tu voudras.
Nul ne l'ignore, tout chemin
Mène à s'aimer : tu fuis en vain.

MESSIRE ANDRÉ

Superlativement bon, sur ma foi !

MESSIRE TOBIE

Bien, très bien.

LE FOU, *chantant*.

Ne dis pas à l'amour : plus tard.
L'avenir est fait de hasards.
C'est aujourd'hui qu'il faut cueillir
Ce que demain viendra flétrir.
Vite un baiser, ma toute belle :
Jeunesse passe à tire-d'aile.

MESSIRE ANDRÉ

Une voix melliflue, aussi vrai que je suis chevalier !

MESSIRE TOBIE

Un organe envoûtant.

SIR ANDREW

Very sweet and contagious, i'faith.

SIR TOBY

To hear by the nose, it is dulcet in contagion... But
shall we make the welkin dance indeed? Shall we rouse
the night-owl in a catch, that will draw three souls out
of one weaver? shall we do that?

SIR ANDREW

An you love me, let's do't : I am dog at a catch.

CLOWN

By'r lady, sir, and some dogs will catch well.

SIR ANDREW

Most certain... Let our catch be, 'Thou knave.'

CLOWN

'Hold thy peace, thou knave,' knight? I shall be
60 constrained in't to call thee knave, knight.

MESSIRE ANDRÉ

Suavement envoûtant, par ma foi.

MESSIRE TOBIE

Si on pouvait l'entendre par le nez, la senteur vous prendrait aux narines. Mais ferons-nous danser le firmament lui-même ? Éveillerons-nous la chouette en entonnant un canon qui vous trouvera trois âmes à émouvoir chez un seul tisserand[41] ? Dites-moi, le ferons-nous ?

MESSIRE ANDRÉ

Si vous m'aimez, allons-y ! Je suis un fameux lapin pour les canons.

LE FOU

Et par Notre-Dame, monsieur, point de lapin qui n'ait de l'oreille[42].

MESSIRE ANDRÉ

Assurément. Nous allons chanter « Coquin que tu es ».

LE FOU

« Tais-toi donc, coquin que tu es », chevalier ? Je vais être contraint de t'appeler coquin, chevalier.

SIR ANDREW

'Tis not the first time I have constrained one to call me
knave. Begin, fool; it begins, 'Hold thy peace.'

CLOWN

I shall never begin if I hold my peace.

SIR ANDREW

Good, i'faith! Come, begin.

[they sing the catch.
Maria enters with wine.

MARIA

What a caterwauling do you keep here! If my lady have
not called up her steward Malvolio and bid him turn
you out of doors, never trust me.

SIR TOBY

My lady's a Cataian, we are politicians, Malvolio's a
Peg-a-Ramsey, and
      [*sings*]. 'Three merry men be we.'
Am not I consanguineous? am I not of her blood?
Tillyvally! 'lady'!
70 [*sings*]. 'There dwelt a man in Babylon,
                    Lady, lady!'

MESSIRE ANDRÉ

Ce ne sera pas la première fois que j'aurai contraint un
homme à m'appeler coquin. Commence, fou; ça
commence par « Tais-toi donc ».

LE FOU

Je ne commencerai jamais si je dois me taire.

MESSIRE ANDRÉ

Bien dit, sur ma foi! Allons, commence.

> *Ils chantent le canon.*
> *Entre Maria.*

MARIA

Quel charivari menez-vous ici! Si madame n'a pas
appelé son intendant Malvolio pour vous mettre à la
porte, ne me croyez plus jamais.

MESSIRE TOBIE

Ta « madame » est une chinoiserie, nous faisons la
finaude, Malvolio n'est qu'un épouvantail et
(chantant) « Nous sommes trois joyeux lurons. »
Ne lui suis-je pas consanguin? Ne suis-je pas de son
sang?
Taratata! « Madame! »
(chantant) « A Babylone vivait un homme
       Madame, madame[43]! »

CLOWN

Beshrew me, the knight's in admirable fooling.

SIR ANDREW

Ay, he does well enough, if he be disposed, and so do I
too; he does it with a better grace, but I do it more
natural.

SIR TOBY [*sings*].

'O' the twelfth day of December,'—

MARIA

For the love o' God, peace.

Malvolio enters.

MALVOLIO

80 My masters, are you mad? or what are you? Have you
no wit, manners, nor honesty, but to gabble like tinkers
at this time of night? Do ye make an alehouse of my
lady's house, that ye squeak out your coziers' catches
without any mitigation or remorse of voice? Is there no
respect of place, persons, nor time in you?

SIR TOBY

We did keep time, sir, in our catches. Sneck up!

LE FOU

Dieu me damne, le chevalier fait le fou à ravir.

MESSIRE ANDRÉ

Oui, il le fait passablement quand il est en train, et moi aussi.
Il y apporte de la grâce, mais moi plus de naturel.

MESSIRE TOBIE, *chantant.*

« On était le douze décembre... »

MARIA

Pour l'amour de Dieu, silence !

Entre Malvolio.

MALVOLIO

Êtes-vous fous, messieurs ? Ou qu'est-ce à dire ?
N'avez-vous ni raison, ni manières, ni décence, pour
brailler à cette heure de la nuit comme des rétameurs ?
Prenez-vous la maison de Madame pour une taverne,
que vous glapissez vos refrains de savetier sans disconti-
nuer ni contenir vos éclats de voix ? N'avez-vous égard
ni au temps ni au lieu ni aux personnes ?

MESSIRE TOBIE

Les temps, monsieur, ont été respectés dans nos chants.
Allez vous faire pendre !

MALVOLIO

Sir Toby, I must be round with you. My lady bade me
tell you, that, though she harbours you as her kinsman,
she's nothing allied to your disorders. If you can
90 separate yourself and your misdemeanours, you are
welcome to the house; if not, an it would please you to
take leave of her, she is very willing to bid you farewell.

SIR TOBY [*sings to Maria*].

'Farewell, dear heart, since I must needs be gone.'

[*he embraces her.*

MARIA

Nav, good Sir Toby.

CLOWN [*sings*].

'His eyes do show his days are almost done.'

MALVOLIO

Is't even so?

SIR TOBY [*sings*].

'But I will never die.'

[*he falls to the ground.*

MALVOLIO

Messire Tobie, je dois vous parler franc. Madame m'a chargé de vous le dire, encore qu'elle vous héberge comme son parent, elle n'est nullement cousine de vos désordres. Si vous pouvez divorcer d'avec vos déportements, vous êtes le bienvenu dans la maison ; sinon, et s'il vous plaît de prendre congé d'elle, elle vous dira très volontiers adieu.

MESSIRE TOBIE, *chantant et enlaçant Maria.*

« Doux cœur, adieu, car il me faut partir[44]. »

Il l'embrasse.

MARIA

Bon messire Tobie, voulez-vous bien !

LE FOU, *chantant.*

« Voyez ses yeux : peu s'en faut qu'il n'expire. »

MALVOLIO

Ah ! c'est ainsi !

MESSIRE TOBIE, *chantant.*

« Expirer, moi ? Non, jamais de la vie. »

Il tombe sur le sol.

CLOWN [*sings*].

Sir Toby, there you lie.

MALVOLIO

This is much credit to you.

SIR TOBY [*rising, sings*].

100 'Shall I bid him go?'

CLOWN [*sings*].

'What an if you do?'

SIR TOBY [*sings*].

'Shall I bid him go, and spare not?'

CLOWN [*sings*].

'O no, no, no, no, you dare not.'

SIR TOBY [*to Clown*].

Out o' tune, sir! ye lie... [*to Malvolio*] Art any more
than a steward? Dost thou think because thou art
virtuous, there shall be no more cakes and ale?

LE FOU, *chantant*.

« Vous y viendrez, cher messire Tobie. »

MALVOLIO

Voilà qui vous fait honneur !

MESSIRE TOBIE, *chantant*.

« Le sommerai-je de sortir ? »

LE FOU, *chantant*.

« Ah ! c'est une chance à courir. »

MESSIRE TOBIE, *chantant*.

« L'éconduirai-je sans façons ? »

LE FOU, *chantant*.

« Vous n'oseriez point, non, non, non... non. »

MESSIRE TOBIE, *au Fou*.

Vous êtes à contre-temps, monsieur ! Et vous mentez[45].
(à Malvolio) Qu'es-tu de plus qu'un intendant ?
Crois-tu donc qu'à cause de ta vertu il n'y aura plus de
brioches ni de bamboches ?

CLOWN

Yes, by Saint Anne, and ginger shall be hot i'th' mouth
too.

SIR TOBY

Th'art i'th' right... Go, sir, rub your chain with
110 crumbs... A stoup of wine, Maria!

[she fills their vessels.

MALVOLIO

Mistress Mary, if you prized my lady's favour at any
thing more than contempt, you would not give means
for this uncivil rule; she shall know of it, by this hand.

[he departs.

MARIA

Go shake your ears.

SIR ANDREW

'Twere as good a deed as to drink when a man's
a-hungry, to challenge him the field, and then to break
promise with him and make a fool of him.

SIR TOBY

Do't, knight. I'll write thee a challenge; or I'll deliver
thy indignation to him by word of mouth.

LE FOU

Il y en aura, par sainte Anne, et du gingembre aussi
pour réchauffer le gosier.

MESSIRE TOBIE

Tu es dans le vrai. Allez astiquer votre chaîne[46] avec
des miettes, monsieur. Une coupe de vin, Maria!

MALVOLIO

Mademoiselle Marie, si vous teniez la faveur de
madame autrement qu'à mépris, vous ne vous feriez
pas complice de ces débauches. Elle le saura, par cette
main!

Il sort.

MARIA

Va secouer dehors tes oreilles d'âne[47]!

MESSIRE ANDRÉ

Une aussi bonne chose que de boire quand on a faim, ce
serait de le défier en lui donnant rendez-vous sur le pré,
et puis de lui manquer de parole et de le tourner en
ridicule.

MESSIRE TOBIE

Vas-y, chevalier. Je t'écrirai un cartel ou bien je lui
signifierai ton indignation de vive voix.

MARIA

120 Sweet Sir Toby, be patient for to-night; since the youth
of the count's was to-day with my lady, she is much out
of quiet. For Monsieur Malvolio, let me alone with
him : if I do not gull him into a nayword, and make him
a common recreation, do not think I have wit enough to
lie straight in my bed : I know I can do it.

SIR TOBY

Possess us, possess us, tell us something of him.

MARIA

Marry, sir, sometimes he is a kind of puritan.

SIR ANDREW

O, if I thought that, I'd beat him like a dog.

SIR TOBY

What, for being a puritan? thy exquisite reason, dear
130 knight?

SIR ANDREW

I have no exquisite reason for't, but I have reason good
enough.

MARIA

Cher Messire Tobie, patientez pour cette nuit. Depuis qu'elle a reçu ce tantôt le messager du Duc, madame est toute troublée. Quant à maître Malvolio, je m'en charge : si je ne le dupe pas de façon exemplaire, je n'ai pas assez d'esprit pour m'allonger dans mon lit. J'en fais mon affaire.

MESSIRE TOBIE

Mets-nous au fait, mets-nous au fait, parle-nous un peu de lui.

MARIA

Par la Vierge, monsieur, il vous a parfois des façons de puritain[48].

MESSIRE ANDRÉ

O, si j'étais sûr de ça, je le rosserais comme un toutou.

MESSIRE TOBIE

Comment, pour être un puritain ? Quelle raison délectable en as-tu, cher chevalier ?

MESSIRE ANDRÉ

Je n'ai pas pour cela de raison délectable, mais j'en ai une qui est assez bonne.

MARIA

The devil a puritan that he is, or any thing constantly
but a time-pleaser, an affectioned ass, that constate
without book and utters it by great swarths : the best
persuaded of himself, so crammed, as he thinks, with
excellencies, that it is his ground of faith that all that
look on him love him ; and on that vice in him will my
revenge find notable cause to work.

SIR TOBY

140 What wilt thou do?

MARIA

I will drop in his way some obscure epistles of love,
where-in by the colour of his beard, the shape of his leg,
the manner of his gait, the expressure of his eye,
forehead, and complexion, he shall find himself most
feelingly personated. I can write very like my lady your
niece, on a forgotten matter we can hardly make dis-
tinction of our hands.

SIR TOBY

Excellent! I smell a device.

SIR ANDREW

I have't in my nose too.

MARIA

Puritain, du diable s'il l'est vraiment, ou quoi que ce soit d'autre qu'un caresseur de circonstances, un âne prétentieux qui vous apprend par cœur de belles tournures pour vous les débiter à pleines brassées; on ne peut plus infatué de lui-même et se croyant bourré de tant de perfections qu'il tient pour article de foi qu'on ne saurait le regarder sans l'aimer : c'est en prenant avantage de ce travers que ma vengeance trouvera amplement matière à s'exercer.

MESSIRE TOBIE

Que veux-tu faire ?

MARIA

Je me propose de laisser choir sur son chemin certaine lettre d'amour abstruse où, d'après la couleur de sa barbe, le galbe de sa jambe, la façon de sa démarche, les particularités de ses yeux, de son front et de son teint, il se trouvera décrit de la manière la plus exacte. Je me flatte d'imiter de très près l'écriture de madame votre nièce : un ancien billet oublié se retrouve-t-il, à peine si nous pouvons distinguer qui de nous deux l'a écrit.

MESSIRE TOBIE

Excellent ! Je flaire le stratagème.

MESSIRE ANDRÉ

Il me monte aussi aux narines.

SIR TOBY

150 He shall think by the letters that thou wilt drop that
they come from my niece, and that she's in love with
him.

MARIA

My purpose is, indeed, a horse of that colour.

SIR ANDREW

And your horse now would make him an ass.

MARIA

Ass, I doubt not.

SIR ANDREW

O, 'twill be admirable.

MARIA

Sport royal, I warrant you : I know my physic will
work with him. I will plant you two, and let the fool
make a third, where he shall find the letter : observe his
construction of it... For this night, to bed, and dream
160 on the event... Farewell.

[*she goes out.*

MESSIRE TOBIE

Cette lettre que tu laisseras choir, il la croira de ma
nièce, et qu'elle l'aime.

MARIA

Mon projet est en effet un canasson de ce poil-là.

MESSIRE ANDRÉ

Et ton canasson va faire de lui un âne.

MARIA

Ane[49], je n'en doute pas.

MESSIRE ANDRÉ

Oh! ça va être admirable.

MARIA

Un divertissement royal, je vous le garantis. Je sais que
ma médecine lui fera de l'effet. Je vous posterai tous
deux — non, tous trois avec le Fou — à l'endroit où il
trouvera fatalement la lettre : observez bien comment il
l'interprète. Pour cette nuit, allons nous coucher et
rêvons à cette perspective. Bonsoir.

Elle sort.

SIR TOBY

Good night, Penthesilea.

SIR ANDREW

Before me, she's a good wench.

SIR TOBY

She's a beagle, true-bred, and one that adores me...
what o' that?

[*he sighs.*

SIR ANDREW

I was adored once too.

[*he sighs also.*

SIR TOBY

Let's to bed, knight... Thou hadst need send for more
money.

SIR ANDREW

If I cannot recover your niece, I am a foul way out.

MESSIRE TOBIE

Bonne nuit, Penthésilée[50].

MESSIRE ANDRÉ

Dieu me pardonne, c'est une brave fille.

MESSIRE TOBIE

Une levrette de race, et qui m'adore... que faire ?

MESSIRE ANDRÉ

Moi aussi j'ai été adoré jadis.

MESSIRE TOBIE

Allons au lit, chevalier. Il va falloir que tu envoies chercher encore de l'argent.

MESSIRE ANDRÉ

Si je n'obtiens pas votre nièce, j'en serais salement de ma poche.

SIR TOBY

Send for money knight, if thou hast her not i'th'end,
170 call me cut.

SIR ANDREW

If I do not, never trust me, take it how you will.

SIR TOBY

Come, come, I'll go burn some sack, 'tis too late to go to
bed now : come knight; come knight.

[*they go.*

[II, 4.]

A ROOM IN THE DUKE'S PALACE

'Enter DUKE, VIOLA, CURIO and others.'

DUKE [*to Viola*].

Give me some music... Now—[*musicians enter*]
                                good morrow, friends...
Now, good Cesario, but that piece of song,
That old and antic song we heard last night :
Methought it did relieve my passion much,
More than light airs and recollected terms
Of these most brisk and giddy-pacéd times.
Come, but one verse.

MESSIRE TOBIE

Envoie chercher l'argent, chevalier. Si tu n'obtiens pas ma nièce au bout du compte, traite-moi de chapon.

MESSIRE ANDRÉ

Si j'y manque, ne te fie plus à moi. Prends-le comme tu voudras.

MESSIRE TOBIE

Allons, allons, je vais faire chauffer un peu de vin d'Espagne. Il est trop tard pour se coucher à cette heure. Viens, chevalier ; viens, chevalier.

Ils sortent.

SCÈNE IV

AU PALAIS DU DUC

'*Entrent* LE DUC, VIOLA, CURIO *et d'autres.*'

LE DUC, *à Viola.*

De la musique, je te prie. Et maintenant —
                              Entrent des musiciens
Bonjour, amis — et maintenant, bon Césario,
Que l'on me chante seulement cette complainte,
Cette étrange vieille complainte d'hier au soir :
Elle a fort apaisé ma douleur, ce me semble :
Mieux que les mots choisis, mieux que les airs frivoles
De notre époque trépidante et tête folle.
Allons, rien qu'un couplet.

CURIO

He is not here, so please your lordship, that should sing
it.

DUKE

Who was it?

CURIO

10 Feste, the jester, my lord, a fool that the Lady Olivia's
father took much delight in. He is about the house.

DUKE

Seek him out, and play the tune the while.

[*Curio goes; music plays.*
Come hither, boy—if ever thou shalt love,
In the sweet pangs of it remember me :
For, such as I am all true lovers are,
Unstaid and skittish in all motions else,
Save in the constant image of the creature
That is beloved... How dost thou like this tune?

VIOLA

It gives a very echo to the seat
20 Where Love is throned.

CURIO

N'en déplaise à Votre Seigneurie, celui qui pourrait la chanter n'est pas ici.

LE DUC

Qui était-ce ?

CURIO

Le bouffon Feste, monseigneur : un fou qui faisait les délices du père de Madame Olivia. Il est quelque part dans la maison.

LE DUC

Qu'on me le cherche ; et qu'on joue l'air en attendant.

Sort Curio. Musique.
Approche, enfant. Ah ! si jamais tu dois aimer,
En ces tourments exquis souviens-toi de ton maître :
Car tous les vrais amants sont tels que tu me vois,
Versatiles, changeants en toute chose, hormis
En leur constance à caresser la chère image.
Aimes-tu pas cet air ?

VIOLA

Son écho retentit
Au siège de l'Amour.

DUKE

                    Thou dost speak masterly.
My life upon't, young though thou art, thine eye
Hath stayed upon some favour that it loves :
Hath it not, boy?

VIOLA

A little, by your favour.

DUKE

What kind of woman is't?

VIOLA

                    Of your complexion.

DUKE

She is not worth thee then. What years, i'faith?

VIOLA

About your years, my lord.

DUKE

Too old, by heaven : let still the woman take
An elder than herself; so wears she to him,
So sways she level in her husband's heart :
30 For, boy, however we do praise ourselves,

LE DUC

Tu parles en expert.
Tout jeune que tu es, sur ma vie, ton regard
A déjà caressé quelque visage aimé ;
Pas vrai, enfant ?

VIOLA

Peut-être... avec votre agrément

LE DUC

Quelle sorte de femme ?

VIOLA

Elle a votre physique.

LE DUC

Autant dire : indigne de toi. Quel âge a-t-elle ?
Sois franc.

VIOLA

Ma foi, le vôtre environ, monseigneur.

LE DUC

Mais c'est trop, par le Ciel ! Une femme doit prendre
Un mari plus âgé, pour s'ajuster à lui
Et maintenir son cœur en constante balance :
Car les passions en nous, quoi que nous prétendions,

Our fancies are more giddy and unfirm,
More longing, wavering, sooner lost and won,
Than women's are.

VIOLA

I think it well, my lord.

DUKE

Then let thy love be younger than thyself,
Or thy affection cannot hold the bent :
For women are as roses, whose fair flower
Being once displayed doth fall that very hour.

VIOLA

And so they are : alas, that they are so;
To die, even when they to perfection grow!

Curio re-enters with Clown.

DUKE

40 O fellow, come, the song we had last night...
Mark it, Cesario, it is old and plain :
The spinsters and the knitters in the sun,
And the free maids that weave their thread with bones
Do use to chant it; it is silly sooth,
And dallies with the innocence of love,
Like the old age.

CLOWN

Are you ready, sir?

Enfant, sont plus précipiteuses, plus changeantes,
Oui, leur ardeur instable est plus évanescente
Que chez les femmes.

VIOLA

Je le crois, mon bon seigneur.

LE DUC

Que ta flamme, dès lors, soit plus jeune que toi
Ou ton amour verrait son ressort se détendre :
Car la femme est comme la rose, dont la fleur
N'épanouit sa beauté que pour tomber dans l'heure.

VIOLA

Oui, c'est là son destin, combien digne de plainte :
Mourir alors que l'excellence était atteinte !

Entre Curio avec le Fou.

LE DUC

Ah ! l'ami, chante-nous la chanson d'hier au soir.
Écoute, Césario : c'est un vieil air tout simple :
La fille qui tricote ou qui file au soleil
Et la joyeuse dentellière aux fuseaux d'os
Le chantent à l'envi ; oh, c'est la candeur même
Car on aimait jadis à prendre ainsi pour thème
D'innocentes amours.

LE FOU

Êtes-vous prêt, monsieur ?

DUKE

Ay, prithee, sing.

[*music.*

CLOWN [*sings*].

Come away, come away death,
50   And in sad cypress let me be laid :
      Fly away, fly away breath,
I am slain by a fair cruel maid :
My shroud of white, stuck all with yew,
      O, prepare it!
My part of death no one so true
      Did share it.

Not a flower, not a flower sweet
On my black coffin let there be strown :
   Not a friend, not a friend greet
60   My poor corpse, where my bones shall be thrown :
A thousand thousand sighs to save,
      Lay me O where
Sad true lover never find my grave,
      To weep there.

DUKE [*gives money*].

There's for thy pains.

CLOWN

No pains, sir, I take pleasure in singing, sir.

LE DUC

Oui, chante, je te prie.

musique.

LE FOU, *chantant.*

Ah! mort, viens-t'en, viens-t'en me prendre!
Étendez mon corps dans le dur cyprès.
   Vie, va-t'en, va-t'en de mes membres :
Cruelle beauté, je meurs sous tes traits.
   Mon blanc linceul, mes rameaux d'if,
        Qu'on les prépare!
   Le trépas d'un amant naïf,
        Telle est ma part.

   Point de fleurs, ô non, point de fleurs :
Que mon noir cercueil en reste injonché!
   Point de pleurs, amis, point de pleurs
Où mes pauvres os vont être jetés!
   Cachez, pour parer aux soupirs,
        Où l'on m'enterre :
   L'amant plaintif viendrait gémir
        Sur ma bière.

LE DUC, *lui donnant sa bourse*

Voilà pour ta peine.

LE FOU

Point de peine à cela, monsieur : je prends plaisir à
chanter, monsieur.

DUKE

I'll pay thy pleasure then.

CLOWN

Truly, sir, and pleasure will be paid, one time or another.

DUKE

Give me now leave to leave thee.

CLOWN

70 Now, the melancholy god protect thee, and the tailor make thy doublet of changeable taffeta, for thy mind is a very opal. I would have men of such constancy put to sea, that their business might be every thing and their intent every where, for that's it that always makes a good voyage of nothing... Farewell.

[*he goes.*

DUKE

Let all the rest give place...

[*Curio and attendants departs.*
Once more, Cesario,
Get thee to yon same sovereign cruelty :
Tell her, my love, more noble than the world,
Prizes not quantity of dirty lands;
80 The parts that fortune hath bestowed upon her,
Tell her, I hold as giddily as fortune;

LE DUC

Je paierai donc ton plaisir.

LE FOU

Il est vrai, monsieur, qu'il faut que le plaisir se paye un jour ou l'autre.

LE DUC

Laisse-moi te laisser à présent.

LE FOU

Eh bien, le dieu de la mélancolie te protège, et le tailleur te fasse un pourpoint de taffetas changeant, car ton esprit est une vraie opale. Je voudrais voir les hommes de ta constance prendre la mer, pour trafiquer de n'importe quoi et mettre le cap n'importe où, ce qui est la meilleure façon d'amener à rien une brave expédition[51]. Adieu.

Il sort.

LE DUC

Veuillez vous retirer.

Sortent Curio et les gens de la suite.
Derechef, Césario,
Retourne-t'en vers cette reine des cruelles;
Dis-lui que mon amour, qui passe le vulgaire,
N'a cure d'acquérir de poussiéreux domaines
Et que les biens dont la fortune l'a nantie
Me laissent aussi froid que ladite fortune :

But 'tis that miracle and queen for gems
That nature pranks her in attracts my soul.

VIOLA

But if she cannot love you, sir?

DUKE

I cannot be so answered.

VIOLA

                    Sooth, but you must.
Say that some lady, as perhaps there is,
Hath for your love as great a pang of heart
As you have for Olivia : you cannot love her ;
You tell her so ; must she not then be answered ?

DUKE

90 There is no woman's sides
Can bide the beating of so strong a passion
As love doth give my heart : no woman's heart
So big, to hold so much, they lack retention.
Alas, their love may be called appetite—
No motion of the liver, but the palate—
That suffers surfeit, cloyment and revolt ;
But mine is all as hungry as the sea,
And can digest as much. Make no compare
Between that love a woman can bear me
100 And that I owe Olivia.

C'est le miracle, c'est la gemme souveraine
Dont Nature l'orna qui fascine mon âme.

VIOLA

Mais s'il n'est pas en son pouvoir de vous aimer ?

LE DUC

Je ne puis m'en tenir à pareille réponse.

VIOLA

Sans doute, mais enfin il le faut. Supposez
Qu'une femme — de fait, peut-être existe-t-elle —
Ait pour l'amour de vous le cœur aussi meurtri
Que vous pour Olivie ; vous ne pouvez l'aimer,
Vous le lui signifiez : doit-elle pas, dès lors,
Se le tenir pour dit ?

LE DUC

                    Jamais un sein de femme
Ne pourrait endurer les battements sauvages
Que l'amour imprime à mon cœur : nul cœur de femme
N'aurait assez de continence ni d'ampleur
Pour en retenir tant. Peuh ! leur amour, qu'est-ce autre
Qu'appétit venant du palais, non des entrailles,
Sujet à satiété, à pléthore, à dégoût ?
Mais le mien est vorace à l'égal de la mer
Et peut en digérer autant. Quoi ! comparer
L'amour que je puis inspirer à quelque femme
Et celui que je voue à Olivie !

VIOLA

Ay, but I know—

DUKE

What dost thou know?

VIOLA

Too well what love women to men may owe :
In faith they are as true of heart as we.
My father had a daughter loved a man,
As it might be, perhaps, were I a woman,
I should your lordship.

DUKE

And what's her history?

VIOLA

A blank, my lord : she never told her love,
But let concealment like a worm i'th' bud
Feed on her damask cheek : she pined in thought,
110 And with a green and yellow melancholy
She sat like Patience on a monument,
Smiling at grief. Was not this love, indeed?
We men may say more, swear more—but indeed
Our shows are more than will; for still we prove
Much in our vows, but little in our love.

VIOLA

                    Sans doute,
Mais je sais...

LE DUC

    Que sais-tu ?

VIOLA

        Trop bien comment les femmes
Sont capables d'aimer les hommes. A vrai dire
Leur cœur est tout aussi fidèle que le nôtre.
Certaine fille de mon père aima un homme,
De même — à supposer que je fusse une femme —
Qu'il pourrait m'advenir, monsieur, de vous aimer.

LE DUC

Son histoire ?

VIOLA

        Est néant : elle tut son amour
Et, laissant son secret, tel un ver le bouton,
Ronger la rose de sa joue, se consumant
De tristesse, la proie d'une mélancolie
Verdâtre et bilieuse, elle restait assise,
Pareille à la Résignation sur une tombe,
Souriant au malheur. Fût-ce pas de l'amour ?
Nous avons beau en dire, en jurer davantage,
Nous autres hommes, c'est parade, et qui surfait
Notre dessein réel, car toujours l'on nous trouve
Petits dans notre amour malgré nos grands serments.

DUKE

But died thy sister of her love, my boy?

VIOLA

I am all the daughters of my father's house,
And all the brothers too... and yet I know not...

[*they muse.*

Sir, shall I to this lady?

DUKE [*starts and rouses*].

120 Ay, that's the theme.
To her in haste; give her this jewel; say,
My love can give no place, bide no denay.

[*they go.*

[II, 5.]

*A WALLED GARDEN ADJOINING THE HOUSE OF
OLIVIA; TWO DOORS, ONE LEADING OUT OF THE
GARDEN, THE OTHER OPENING INTO THE HOUSE
WHENCE THERE RUNS A BROAD WALK WITH GREAT
BOX-TREES ON EITHER SIDE AND A STONE SEAT
NEXT THE WALL*

The house-door opens and Sir TOBY BELCH *comes out with
Sir* ANDREW AGUECHEEK

SIR TOBY [*turns and calls*].

Come thy ways, Signior Fabian.

LE DUC

Mais ta sœur mourut-elle, enfant, de son amour ?

VIOLA

Toutes les filles de mon père, je les suis ;
Et tous les fils hélas... bien que j'ignore... Irai-je,
Monsieur, chez cette dame ?

LE DUC, *tressaillant*.

                    Oui, c'est là notre thème.
Va vite, remets-lui ce bijou et dis-lui
Que mon amour têtu ne souffre aucun déni.

Ils sortent.

SCÈNE V

LE JARDIN D'OLIVIA

Entrent messire TOBIE ROTEGRAS *et messire* ANDRÉ GRISE-MINE, *puis* FABIEN.

MESSIRE TOBIE

Viens-t'en, Signior Fabien.

FABIAN [*follows through the door*].

Nay, I'll come : if I lose a scruple of this sport, let me be
boiled to death with melancholy.

SIR TOBY

Wouldst thou not be glad to have the niggardly rascally
sheep-biter come by some notable shame?

FABIAN

I would exult, man : you know, he brought me out
o'favour with my lady about a bear-baiting here.

SIR TOBY

To anger him, we'll have the bear again, and we will
fool him black and blue—shall we not, Sir Andrew?

SIR ANDREW

10 An we do not, it is pity of our lives.

Maria appears, hurrying down the walk.

SIR TOBY

Here comes the little villain... How now, my metal of
India?

FABIEN

Pour sûr que je viens! Si je perds une once de cette bouffonnerie, je veux bouillir à mort à force d'humeurs froides.

MESSIRE TOBIE

Serais-tu pas heureux de voir ce miteux, ce calamiteux frôle-muraille perdre la face de mémorable sorte?

FABIEN

J'exulterai, mon cher; vous savez qu'il m'a floué des faveurs de madame à l'occasion du combat d'ours[52] qui s'est livré ici.

MESSIRE TOBIE

Pour le faire enrager, nous aurons l'ours derechef et nous lui[53] en ferons voir de toutes les couleurs; n'est-ce pas, messire André?

MESSIRE ANDRÉ

Si nous ne le faisons pas, qu'on nous prenne en pitié.

Entre Maria.

MESSIRE TOBIE

Voici venir la petite coquine. Hé bien, ma pépite des Indes?

MARIA

Get ye all three into the box-tree : Malvolio's coming
down this walk, he has been yonder i'the sun practising
behaviour to his own shadow this half hour : observe
him, for the love of mockery; for I know this letter will
make a contemplative idiot of him. Close, in the name
of jesting! [*the men hide in a box-tree*] Lie thou there
[*throws down a letter*]... for here comes the trout that
20 must be caught with tickling.

[*she goes within.
Malvolio, in plumed hat, comes slowly along the path,
musing.*

MALVOLIO

'Tis but fortune, all is fortune... Maria once told me she
did affect me, and I have heard herself come thus near,
that should she fancy it should be one of my
complexion... Besides, she uses me with a more exalted
respect than any one else that follows her... What
should I think on't?

SIR TOBY

Here's an overweening rogue!

FABIAN

O, peace! Contemplation makes a rare turkeycock of
him. How he jets under his advanced plumes!

MARIA

Allez vous nicher tous trois dans le buisson de buis :
Malvolio s'en vient par cette allée. Voici une demi-
heure qu'il est là-bas au soleil à prendre des pauses
devant son ombre. Observez-le pour l'amour de la
moquerie, car je sais que cette lettre va le plonger dans
un ravissement idiot. A vos cachettes, au nom de la
dérision ! *(les trois hommes se cachent)* Toi, reste tapi là
(elle jette une lettre à terre)... car voici venir la truite qu'il
s'agit de prendre avec des chatouilles.

> *Elle sort.*
> *Entre Malvolio, en chapeau à plumes.*

MALVOLIO

Ce n'est là qu'un coup de la fortune, tout est fortune.
Maria m'a dit une fois que ma maîtresse me portait
intérêt, et je l'ai entendue elle-même s'avancer jusqu'à
admettre que, si elle s'éprenait, ce serait d'un homme
de ma tournure. Avec cela, elle me témoigne une
considération plus marquée qu'à tout autre de ses gens.
Qu'en dois-je penser ?

MESSIRE TOBIE

Le présomptueux fripon !

FABIEN

O chut ! Son ravissement en fait un insigne dindon.
Comme il se rengorge sous ses plumes en éventail !

SIR ANDREW

'Slight, I could so beat the rogue!

FABIAN

30 Peace, I say.

MALVOLIO

To be Count Malvolio!

SIR TOBY

Ah, rogue!

SIR ANDREW

Pistol him, pistol him.

FABIAN

Peace, peace!

MALVOLIO

There is example for't; the lady of the Strachy married
the yeoman of the wardrobe.

SIR ANDREW

Fie on him, Jezebel!

MESSIRE ANDRÉ

Jour de Dieu! comme je rosserais le fripon!

FABIEN

Chut[54], vous dis-je!

MALOVLIO

Être le comte Malvolio!

MESSIRE TOBIE

Ah! le fripon!

MESSIRE ANDRÉ

Feu sur lui! Feu sur lui!

FABIEN

Chut, chut!

MALVOLIO

Cela n'est pas sans exemple : madame de Strachey a épousé l'intendant de la garde-robe.

MESSIRE ANDRÉ

Haro sur le Jézabel[55]!

FABIAN

O, peace! now he's deeply in : look, how imagination
blows him.

MALVOLIO

40 Having been three months married to her, sitting in my
state —

SIR TOBY

O, for, a stone-bow, to hit him in the eye!

MALVOLIO

Calling my officers about me, in my branched velvet
gown; having come from a day-bed, where I have left
Olivia sleeping —

SIR TOBY

Fire and brimstone!

FABIAN

O, peace, peace!

MALVOLIO

And then to have the humour of state; and after a
demure travel of regard, telling them I know my place
50 as I would they should do theirs, to ask for my kinsman
Toby —

FABIEN

O chut! Le voilà enferré à fond : voyez comme ses rêveries le gonflent.

MALVOLIO

Marié avec elle depuis trois mois, trônant avec majesté...

MESSIRE TOBIE

O avoir une arbalète pour lui crever l'œil!

MALVOLIO

Mandant mes officiers à mon entour... portant ma robe de velours à ramages... venant de quitter le lit de repos où j'aurai laissé Olivia endormie...

MESSIRE TOBIE

Feu et soufre!

FABIEN

O chut, chut!

MALVOLIO

Prenant les airs qui siéent à la grandeur; promenant à la ronde un regard empreint de gravité pour donner à entendre que je connais mon rang comme je désire qu'on connaisse le sien; je demanderais mon parent Tobie...

SIR TOBY

Bolts and shackles!

FABIAN

O, peace, peace, peace! now, now.

MALVOLIO

Seven of my people, with an obedient start, make out
for him : I frown the while, and perchance wind up my
watch, or play with my [*touches his steward's chain an
instant*]—some rich jewel... Toby approaches; curtsies
there to me—

SIR TOBY

Shall this fellow live?

FABIAN

Though our silence be drawn from us with cars, yet
peace.

MALVOLIO

60 I extend my hand to him thus; quenching my familiar
smile with an austere regard of control—

MESSIRE TOBIE

Tonnerre et foudre!

FABIEN

O chut, chut, chut! Écoutez, écoutez.

MALVOLIO

Sept de mes gens, dans un sursaut d'obéissance, s'élancent à sa recherche. Je fronce le sourcil cependant, me mettant peut-être à remonter ma montre, ou à jouer avec ma... *(il touche sa chaîne d'intendant)*... avec quelque riche bijou[56]. Tobie s'approche, me fait — de là — la révérence...

MESSIRE TOBIE

Lui laissera-t-on la vie?

FABIEN

Quand on tirerait notre silence à quatre chevaux, taisons-nous!

MALVOLIO

Je lui tends la main de la sorte, éteignant mon sourire familier sous un sévère regard dominateur...

SIR TOBY

And does not 'Toby' take you a blow o'the lips then?

MALVOLIO

Saying, 'Cousin Toby, my fortunes having cast me on
your niece give me this prerogative of speech' —

SIR TOBY

What, what?

MALVOLIO

'You must amend your drunkenness.'

SIR TOBY

Out, scab!

[*Malvolio turns as at a sound.*

FABIAN

Nay, patience, or we break the sinews of our plot.

MALVOLIO

'Besides, you waste the treasure of your time with a
70 foolish knight' —

MESSIRE TOBIE

Et Tobie, là-dessus, ne te donne pas du poing sur la trogne ?

MALVOLIO

Disant : « Cousin Tobie, la fortune, en me conférant votre nièce, m'a donné le privilège de vous dire... »

MESSIRE TOBIE

Comment, comment ?

MALVOLIO

« Qu'il vous faut corriger de votre ivrognerie. »

MESSIRE TOBIE

Sacré teigneux !

FABIEN

Allons, patience, où nous cassons les reins à notre complot.

MALVOLIO

« En outre, vous gaspillez le trésor de votre temps avec un imbécile de chevalier... »

SIR ANDREW

That's me, I warrant you.

MALVOLIO

'One Sir Andrew'—

[*he sees the letter.*

SIR ANDREW

I knew 'twas I, for many do call me fool.

MALVOLIO [*takes up the letter*].

What employment have we here?

FABIAN

Now is the woodcock near the gin.

SIR TOBY

O, peace! and the spirit of humours intimate reading aloud to him!

MALVOLIO

By my life, this is my lady's hand : these be her very *c*'s, her *u*'s, and her *t*'s, and thus makes she her great *P*'s. It
80 is contempt of question, her hand.

MESSIRE ANDRÉ

C'est moi, je vous le garantis.

MALVOLIO

« Un certain messire André... »

(il aperçoit la lettre).

MESSIRE ANDRÉ

Je savais que c'était moi parce qu'il y en a beaucoup qui me traitent d'imbécile.

MALVOLIO, *ramassant la lettre.*

Qu'avons-nous là ?

FABIEN

Voilà l'étourneau près du piège.

MESSIRE TOBIE

O silence[57] ! Et que l'esprit qui gouverne les humeurs lui souffle de lire la lettre à haute voix !

MALVOLIO

Sur ma vie, c'est là la main de ma maîtresse. Ses *c*, ses *o*, ses *n* de tous points, et c'est ainsi qu'elle fait ses P majuscules. C'est sa main, sans conteste.

SIR ANDREW

Her *c*'s, her *u*'s, and *t*'s : why that?

MALVOLIO [*reads the superscription*].

'To the unknown beloved, this, and my good wishes' ...
her very phrases! By your leave, wax. Soft!—and the
impressure her Lucrece, with which she uses to seal :
'tis my lady... To whom should this be?

[*he opens the letter.*

FABIAN

This wins him, liver and all.

MALVOLIO [*reads*].

    'Jove knows I love :
      But who?
    Lips, do not move!
90   No man must know.'
'No man must know'... What follows? the numbers
altered... [*he muses*] 'No man must know'—if this
should be thee, Malvolio!

SIR TOBY

Marry, hang thee, brock!

MALVOLIO [*reads*].

    'I may command where I adore :

MESSIRE ANDRÉ

« Ses *c*, ses *o*, ses *n* ?[58] » Qu'est-ce à dire ?

MALVOLIO, *lisant.*

« Au bien-aimé secret, la présente, avec mes bons vœux. » Ses tournures mêmes ! Avec ta permission, cire... Doucement ! Voici la Lucrèce dont elle a coutume de sceller ses lettres : oui, c'est madame. A qui ce billet peut-il être adressé ?

FABIEN

Le voilà conquis jusqu'aux tripes !

MALVOLIO, *lisant.*

Jupiter sait que j'aime,
Oui !
Mais nul ne doit connaître
Qui !

« Nul ne doit connaître »... Qu'y a-t-il ensuite ? Le mètre change... « Nul ne doit connaître »... et si c'était toi, Malvolio ?

MESSIRE TOBIE

Au gibet, puant blaireau !

MALVOLIO, *lisant.*

Encor que je commande à celui que j'adore,

But silence, like a Lucrece knife,
With bloodless stroke my heart doth gore :
M, O, A, I, doth sway my life.'

FABIAN

A fustian riddle!

SIR TOBY

100 Excellent wench, say I.

MALVOLIO

'M, O, A, I, doth sway my life.'—Nay, but first, let me
see, let me see, let me see.

FABIAN

What dish o' poison has she dressed him!

SIR TOBY

And with what wing the stallion checks at it!

MALVOLIO

'I may command where I adore'... Why, she may
command me; I serve her, she is my lady... Why, this
is evident to any formal capacity. There is no obstruction in this. And the end : what should that alphabetical
position portend? If I could make that resemble some-
110 thing in me! Softly! 'M, O, A, I,'—

Tel le fer de Lucrèce, un silence assassin,
Sans répandre de sang me transperce le sein :
« M, O, A, I, c'est toi qui règnes sur mon sort. »

FABIEN

Abracadabrante énigme!

MESSIRE TOBIE

Ah! la maîtresse fille.

MALVOLIO

« M, O, A, I, c'est toi qui règnes sur mon sort »...
Mais, avant tout, voyons, voyons, voyons.

FABIEN

Quel plat empoisonné elle lui a préparé!

MESSIRE TOBIE

Et de quelle aile l'étourneau fond dessus!

MALVOLIO

« Encor que je commande à celui que j'adore »... Mais
en effet, elle me commande : je la sers, elle est ma
maîtresse. Cela est évident pour toute intelligence
saine; point de difficulté là-dedans. Et la fin, que peut
vouloir dire cette séquence alphabétique ? Si je pouvais
la construire de telle sorte qu'elle me désigne! Doucement. « M, O, A, I... »

SIR TOBY

O, ay, make up that—he is now at a cold scent.

FABIAN

Sowter will cry upon't for all this, though it be as rank as a fox.

MALVOLIO

'M,'—Malvolio—'M,'—why, that begins my name.

FABIAN

Did not I say he would work it out? the cur is excellent at faults.

MALVOLIO

'M'—but then there is no consonancy in the sequel that suffers under probation : 'A' should follow, but 'O' does.

FABIAN

And O shall end, I hope.

SIR TOBY

120 Ay, or I'll cudgel him, and make him cry 'O!'

MESSIRE TOBIE

Allons, allons, débrouille-toi. Le voilà qui perd la piste.

FABIEN

Taïaut n'en finira pas moins par donner de la voix, bien que la piste pue le renard[59].

MALVOLIO

« M »... Malvolio... « M »... hé, ainsi commence mon nom.

FABIEN

N'ai-je pas dit qu'il s'y retrouverait ? Le limier excelle aux défauts.

MALVOLIO

« M », bon, mais la suite n'a point de cohérence qui résiste à l'examen. Là où « A » devrait suivre, il y a un « O ».

FABIEN

L'O final de la corde, j'espère.

MESSIRE TOBIE

Oui, ou l'« Oh! » qu'il poussera sous mon bâton.

MALVOLIO

And then 'I' comes behind.

FABIAN

Ay, an you had any eye behind you, you might see more
detraction at your heels, than fortunes before you.

MALVOLIO

'M, O, A, I'... This simulation is not as the former :
and yet, to crush this a little, it would bow to me, for
every one of these letters are in my name. Soft! here
follows prose...
[*reads*] 'If this fall into thy hand, revolve. In my stars I
am above thee, but be not afraid of greatness : some are
130 born great, some achieve greatness, and some have
greatness thrust upon 'em. Thy Fates open their hands,
let thy blood and spirit embrace them; and to inure
thyself to what thou art like to be, cast thy humble
slough, and appear fresh. Be opposite with a kinsman,
surly with servants; let thy tongue tang arguments of
state; put thyself into the trick of singularity. She thus
advises thee that sighs for thee. Remember who
commended thy yellow stockings, and wished to see
thee ever cross-gartered : I say, remember. Go to, thou
140 art made, if thou desir'st to be so; if not, let me see thee
a steward still, the fellow of servants, and not worthy to
touch Fortune's fingers. Farewell. She, that would alter
services with thee,

                    THE FORTUNATE-UNHAPPY.'

MALVOLIO

Et puis un I s'en vient derrière.

FABIEN

Oui-da, et si le point de cet I était un œil que tu eusses au derrière, tu pourrais voir plus de dérision à tes trousses que de bonnes fortunes devant toi.

MALVOLIO

M, O, A, I : ce rébus n'est pas comme le précédent ; et pourtant, si l'on en force un peu les termes, il peut s'appliquer à moi, car chacune de ces lettres se trouve dans mon nom. Doucement, voici maintenant de la prose...
(Lisant) « Si ce billet tombe entre tes mains, médite. De par mes étoiles, je suis au-dessus de toi ; mais que la grandeur ne t'effraye point : les uns naissent grands, les autres se haussent jusqu'à la grandeur, d'autres encore s'en voient revêtir. Tes destinées ouvrent les mains : étreins-les hardiment, résolument, et, pour t'habituer à ce que tu vas être sans doute, jette ton humble peau, puis apparais dans la fraîcheur de ton éclat. Rabroue certain parent, sois cassant avec les serviteurs, que ta langue résonne de discours majestueux, donne-toi un air de singularité : ainsi te conseille celle qui soupire pour toi. Rappelle-toi qui te fit compliment de tes bas jaunes et souhaita te voir toujours en jarretières croisées. Rappelle-toi, te dis-je. Va, ta fortune est faite si tu le désires ; sinon, je veux te voir rester intendant, le compagnon des domestiques, et indigne de toucher les doigts de la Fortune. Adieu. Celle qui voudrait changer de rôle avec toi.
          La Malheureuse Fortunée. »

Daylight and champian discovers not more : this is
open. I will be proud, I will read politic authors, I will
baffle Sir Toby, I will wash off gross acquaintance, I
will be point-devise the very man. I do not now fool
myself, to let imagination jade me; for every reason
150 excites to this, that my lady loves me. She did commend
my yellow stockings of late, she did praise my leg being
cross-gartered, and in this she manifests herself to my
love, and with a kind of injunction drives me to these
habits of her liking. I thank my stars, I am happy... I
will be strange, stout, in yellow stockings, and cross-
gartered, even with the swiftness of putting on. Jove,
and my stars be praised! Here is yet a postscript.
[*reads*] 'Thou canst not choose but know who I am. If
thou entertain'st my love, let it appear in thy smiling,
160 thy smiles become thee well. Therefore in my presence
still smile, dear, O my sweet, I prithee.'
Jove, I thank thee!

[*he lifts his hands towards heaven*].
I will smile, I will do everything that thou wilt have me.

[*he goes within.*

FABIAN

I will not give my part of this sport for a pension of
thousands to be paid from the Sophy.

SIR TOBY

I could marry this wench for this device—

Plein jour et rase campagne n'en révèlent pas davantage. Ceci est patent. C'est dit, je serai superbe, je lirai des traités de gouvernement, je contrecarrerai Messire Tobie, je me purifierai des accointances vulgaires, je serai point pour point l'homme requis. Je ne me leurre pas ni ne me laisse entraîner par mon imagination, car toutes les raisons tendent à ceci : que ma maîtresse m'aime. Il est vrai qu'elle m'a dernièrement complimenté sur mes bas jaunes, il est vrai qu'elle m'a loué de ce que mes jarretières se croisassent sur ma jambe, et en ce billet elle se découvre elle-même à mon amour, tout en m'invitant, par une manière d'injonction, à prendre les habits qui lui plaisent. Je rends grâces à mes étoiles, je connais le bonheur... Oui certes, je serai distant, je serai superbe, je mettrai des bas jaunes et des jarretières croisées aussi vite que je puis les revêtir. Jupiter et mes étoiles soient loués ! Mais il y a encore un post-scriptum :

(Lisant) « Tu ne peux laisser de savoir qui je suis. Si tu accueilles mon amour, fais-le paraître à ton sourire : sourire te sied si bien ! Ainsi donc, en ma présence, ne cesse pas de sourire, ô mon très cher, ô mon aimé, je t'en supplie. »

Jupiter, sois remercié ! Certes je sourirai, certes je ferai tout ce que tu voudras.

Il sort.

FABIEN

Je ne donnerai pas ma part de cette farce pour une pension de mille livres aux dépens du Sophi[60].

MESSIRE TOBIE

Je serais capable d'épouser cette fille pour avoir machiné cela...

SIR ANDREW

So could I too.

SIR TOBY

And ask no other dowry with her but such another jest.

SIR ANDREW

Nor I neither.

Maria comes front the house.

FABIAN

170 Here comes my noble gull-catcher.

SIR TOBY

Wilt thou set thy foot o'my neck?

SIR ANDREW

Or o'mine either?

SIR TOBY

Shall I play my freedom at trey-trip, and become thy
bond-slave?

SIR ANDREW

I'faith or I either?

MESSIRE ANDRÉ

Et moi aussi.

MESSIRE TOBIE

Et je ne lui demanderai pas d'autre dot qu'un nouveau
tour de même farine.

MESSIRE ANDRÉ

Ni moi non plus.

Rentre Maria.

FABIEN

Voici mon admirable faiseuse de dupes.

MESSIRE TOBIE

Veux-tu mettre ton pied sur ma nuque?

MESSIRE ANDRÉ

Ou sur la mienne?

MESSIRE TOBIE

Jouerai-je ma liberté aux dés et deviendrai-je ton
esclave?

MESSIRE ANDRÉ

Et moi aussi, par ma foi?

SIR TOBY

Why, thou hast put him in such a dream, that when the
image of it leaves him he must run mad.

MARIA

Nay, but say true, does it work upon him?

SIR TOBY

Like aqua-vitæ with a midwife.

MARIA

180 If you will then see the fruits of the sport, mark his first
approach before my lady : he will come to her in yellow
stockings, and 'tis a colour she abhors, and cross-
gartered, a fashion she detests; and he will smile upon
her, which will now be so unsuitable to her disposition,
being addicted to a melancholy as she is, that it cannot
but turn him into a notable contempt : if you will see it,
follow me.

SIR TOBY

To the gates of Tartar, thou most excellent devil of wit!

SIR ANDREW

I'll make one too.

[they enter the house.

MESSIRE TOBIE

Tu l'as plongé dans un tel rêve qu'une fois le mirage dissipé il va devenir fou, pour sûr.

MARIA

Non, sérieusement, la lettre a opéré sur lui?

MESSIRE TOBIE

Comme l'eau-de-vie sur une sage-femme.

MARIA

Si vous voulez voir les fruits de notre farce, guettez la première apparition de l'homme devant madame. Il viendra vers elle en bas jaunes — couleur qu'elle abhorre — et en jarretières croisées — mode qu'elle déteste — et il lui fera des sourires qui s'accorderont si mal à son humeur à elle, étant donné la mélancolie qui la tient, qu'il ne manquera pas de s'attirer quelque insigne disgrâce. Si vous voulez voir ça, suivez-moi.

MESSIRE TOBIE

Jusqu'aux portes du Tartare, parfait démon d'esprit!

MESSIRE ANDRÉ

Je veux en être moi aussi.

Ils sortent.

ACTE III

[III, 1.]

The CLOWN enters the garden with his pipe and tabor; he plays. VIOLA comes in through the outer door as he finishes.

VIOLA

Save thee, friend, and thy music : dost thou live by thy tabor?

CLOWN

No, sir, I live by the church.

VIOLA

Art thou a churchman?

CLOWN

No such matter, sir, I do live by the church : for I do live at my house, and my house doth stand by the church.

SCÈNE PREMIÈRE

Entre LE FOU, *jouant du tambourin et de la flûte, puis* VIOLA.

VIOLA

Dieu te garde, l'ami. Tu vis aux dépens de ton tambourin?

LE FOU

Non, monsieur, aux dépens de l'église.

VIOLA

Es-tu homme d'Église?

LE FOU

Point du tout, monsieur, mais je vis aux dépens de l'église; car je vis dans ma maison et ma maison dépend de[61] l'église.

VIOLA

So thou mayst say the king lies by a beggar, if a beggar
dwell near him : or the church stands by thy tabor, if
thy tabor stand by the church.

CLOWN

10 You have said, sir... To see this age! A sentence is but a
cheveril glove to a good wit—how quickly the wrong
side may be turned outward!

VIOLA

Nay, that's certain; they that dally nicely with words
may quickly make them wanton.

CLOWN

I would therefore my sister had had no name, sir.

VIOLA

Why, man?

CLOWN

Why, sir, her name's a word, and to dally with that
word might make my sister want-one... But indeed
words are very rascals since bonds disgraced them.

VIOLA

A ce compte tu pourrais dire que le roi couche à côté
d'un mendiant si le mendiant demeurait près de lui, ou
que l'Église s'appuie sur ton tambourin si ton tambourin s'appuyait contre l'église.

LE FOU

Vous l'avez dit, monsieur. Ce que c'est que notre
temps ! Une phrase n'est qu'un gant de chevreau pour
un esprit alerte : en un clin d'œil on vous l'a retournée
du mauvais côté.

VIOLA

Rien de plus vrai. Ceux qui jouent habilement des mots
ont tôt fait de leur faire courir la prétentaine.

LE FOU

C'est bien pourquoi j'aurais voulu que ma sœur n'eût
pas de nom, monsieur.

VIOLA

Et pourquoi, l'ami ?

LE FOU

Eh bien, monsieur, son nom est un mot et, en jouant
habilement de ce mot-là, on pourrait bien, à elle aussi,
lui faire courir la prétentaine. Mais de fait les mots sont
de vraies canailles depuis que les serments les ont
avilis[62].

VIOLA

20 Thy reason, man?

CLOWN

Troth, sir, I can yield you none without words, and
words are grown so false I am loath to prove reason with
them.

VIOLA

I warrant thou art a merry fellow and car'st for nothing.

CLOWN

Not so, sir, I do care for something : but in my
conscience, sir, I do not care for you : if that be to care
for nothing, sir, I would it would make you invisible.

VIOLA

Art not thou the Lady Olivia's fool?

CLOWN

No indeed sir, the Lady Olivia has no folly. She will
keep no fool, sir, till she be married, and fools are as
30 like husbands as pilchards are to herrings—the husband's the bigger. I am, indeed, not her fool, but her
corrupter of words.

VIOLA

Ta raison, l'ami?

LE FOU

Ma foi, monsieur, je ne saurais vous en fournir une sans mots et les mots sont devenus si menteurs que je répugne à m'en servir pour démontrer ma raison.

VIOLA

Décidément tu es un joyeux drille et qui ne se soucie de rien.

LE FOU

Si fait, monsieur, je me soucie bien de quelque chose, mais au for de ma conscience, monsieur, je ne me soucie pas de vous; si c'est là ne se soucier de rien, monsieur, je voudrais que cela vous rendît invisible[63].

VIOLA

N'es-tu pas le fou de Madame Olivia?

LE FOU

Nenni, monsieur, Madame Olivia est dénuée de folie. Elle ne veut pas entretenir de fou, monsieur, avant d'être mariée, et les fous ressemblent aux maris comme les sardines aux harengs : des deux, les maris sont les plus grands. Je ne suis pas proprement son fou, mais son corrupteur de mots.

VIOLA

I saw thee late at the Count Orsino's.

CLOWN

Foolery, sir, does walk about the orb like the sun, it
shines every where. I would be sorry, sir, but the fool
should be as oft with your master as with my mistress :
I think I saw your wisdom there.

VIOLA

Nay, an thou pass upon me, I'll no more with thee.
Hold, there's expenses for thee.

[*she gives him a coin.*

CLOWN [*gazes at the coin in his palm*].

40 Now Jove, in his next commodity of hair, send thee a
beard!

VIOLA

By my troth I'll tell thee, I am almost sick for one—
[*aside*] though I would not have it grow on my chin. Is
thy lady within?

CLOWN [*still gazes at the coin*].

Would not a pair of these have bred, sir?

VIOLA

Je t'ai vu dernièrement chez le duc Orsino.

LE FOU

La folie, monsieur, fait le tour du globe comme le soleil, et brille en tous lieux. Je serais fâché, monsieur, que le fou ne fût point aussi souvent auprès de votre maître qu'auprès de ma maîtresse : je crois avoir vu là Votre Sagesse.

VIOLA

Ah! non, si c'est à moi que tu t'en prends, je brise là. Tiens, voici pour boire.

Elle lui donne une pièce.

LE FOU

Que Jupiter, la prochaine fois qu'il écoulera un lot de poils, t'envoie une barbe!

VIOLA

C'est ma foi vrai que je me languis d'une barbe *(à part)* bien que je ne voudrais pas qu'elle me poussât au menton. Ta maîtresse est-elle au logis?

LE FOU, *contemplant la pièce dans sa main.*

S'il y avait la paire, ne ferait-elle pas des petits, monsieur?

VIOLA

Yes, being kept together and put to use.

CLOWN

I would play Lord Pandarus of Phrygia, sir, to bring a
Cressida to this Troilus.

VIOLA

I understand you, sir, 'tis well begged.

[*she gives another coin.*

CLOWN

The matter, I hope, is not great, sir; begging but a
50 beggar : Cressida was a beggar. My lady is within, sir. I
will conster to them whence you come, who you are and
what you would are out of my welkin—I might say
'element', but the word is over-worn.

[*he goes within.*

VIOLA

This fellow is wise enough to play the fool,
And to do that well craves a kind of wit :
He must observe their mood on whom he jests,
The quality of persons, and the time;
And, like the haggard, check at every feather
That comes before his eye. This is a practice,
60 As full of labour as a wise man's art :

VIOLA

Oui, à condition de les mettre ensemble et de les faire
fructifier.

LE FOU

Je voudrais jouer le seigneur Pandare de Phrygie,
monsieur, pour donner une Cresside à ce Troïle.

VIOLA

Je vous entends, monsieur : c'est bien mendié.

Elle lui donne une autre pièce.

LE FOU

Je crois que cela ne tire guère à conséquence, monsieur,
de mendier une mendiante, car Cresside fut mendiante[64]. Madame est chez elle, monsieur. Je vais
signifier à ses gens d'où vous venez ; qui vous êtes et ce
que vous voulez étant choses en dehors de mon firmament, je voulais dire hors de ma sphère, mais le mot est
éculé[65].

Il sort.

VIOLA

Voilà quelqu'un d'assez d'esprit pour faire un fou,
Rôle qui ne va pas, bien joué, sans sagesse :
Le fou doit observer l'humeur de ceux qu'il raille,
La qualité de son monde, les circonstances,
Et, comme le faucon, fondre sur tout plumage
Qui lui passe devant les yeux. C'est là un art
Aussi méticuleux que le métier de sage :

For folly that he wisely shows is fit;
But wise men, folly-fall'n, quite taint their wit.

Sir Toby Belch and Sir Andrew Aguecheek come forth.

SIR TOBY

Save, you, gentleman.

VIOLA

And you, sir.

SIR ANDREW [*bows*].

Dieu vous garde, monsieur.

VIOLA [*bows*].

Et vous aussi : votre serviteur.

SIR ANDREW

I hope, sir, you are—and I am yours.

SIR TOBY

Will you encounter the house? my niece is desirous you
should enter, if your trade be to her.

Car folie sagement maniée a son prix,
Mais sagesse en folie abdique tout esprit.

Entrent messire Tobie Rotegras et messire André
Grisemine.

MESSIRE TOBIE

Dieu vous garde, gentilhomme.

VIOLA

Et vous de même, monsieur.

MESSIRE ANDRÉ

Dio vi guardi, messere.

VIOLA

E voi pure : servitore vostro[66].

MESSIRE ANDRÉ

J'espère, monsieur, que vous l'êtes... comme je suis le
vôtre.

MESSIRE TOBIE

Voulez-vous pérégriner vers la maison[67] ? Ma nièce est
désireuse de vous y voir entrer, si c'est à elle que vous
avez affaire.

VIOLA

70 I am bound to your niece, sir. I mean, she is the list of
my voyage.

SIR TOBY

Taste your legs, sir, put them to motion.

VIOLA

My legs do better under-stand me, sir, than I understand what you mean by bidding me taste my legs.

SIR TOBY

I mean, to go, sir, to enter.

VIOLA

I will answer you with gate and entrance—but we are
prevented.

Olivia comes from the house with Maria.
Most excellent accomplished lady, the heavens rain
odours on you!

SIR ANDREW

80 That youth's a rare courtier—'Rain odours'—well!

VIOLA

Je navigue vers votre nièce, monsieur. J'entends qu'elle
est l'ultime fin de mon voyage.

MESSIRE TOBIE

Éprouvez vos jambes, monsieur, mettez-les en branle.

VIOLA

Mes jambes sont chose obvie, monsieur, mais non pas
ce que vous entendez en m'invitant à les éprouver.

MESSIRE TOBIE

J'entends : passez, monsieur, entrez.

VIOLA

Je vous répondrai en usant du droit de passage et en
entrant... mais l'on nous a devancés.

Entrent Olivia et Maria.
Dame accomplie et de toute excellence, puissent les
cieux faire pleuvoir sur vous des senteurs!

MESSIRE ANDRÉ

Ce jouvenceau est un rare courtisan : « faire pleuvoir
des senteurs »... fichtre!

VIOLA

My matter hath no voice, lady, but to your own most
pregnant and vouchsafed ear.

SIR ANDREW

'Odours', 'pregnant,' and 'vouchsafed' : I'll get 'em all
three all ready.

OLIVIA

Let the garden door be shut, and leave me to my
hearing...

[*Sir Toby, Sir Andrew and Maria depart.*
Give me your hand, sir.

VIOLA [*bows low*].

My duty, madam, and most humble service.

OLIVIA

What is your name?

VIOLA

Cesario is your servant's name, fair princess.

OLIVIA

90 My servant, sir! 'Twas never merry world,
Since lowly feigning was called compliment :

VIOLA

Mon message n'a de voix, madame, que pour votre très perceptive et très condescendante oreille.

MESSIRE ANDRÉ

« Senteurs », « perceptive », « condescendante », voilà trois mots que je tiendrai en réserve.

OLIVIA

Qu'on ferme la porte du jardin et qu'on me laisse à mon audience.

Sortent messire Tobie, messire André et Maria.
Votre main, monsieur.

VIOLA, *s'inclinant très bas.*

Mon hommage, madame, et mon humble service.

OLIVIA

Quel est votre nom ?

VIOLA

Césario est le nom de votre serviteur, belle princesse.

OLIVIA

Mon serviteur, monsieur ! On fait un triste monde
En nommant compliment la basse flatterie.

Y'are servant to the Count Orsino, youth.

VIOLA

And he is yours, and his must needs be yours;
Your servant's servant is your servant, madam.

OLIVIA

For him, I think not on him : for his thoughts,
Would they were blanks, rather than filled with me!

VIOLA

Madam I come to whet your gentle thoughts
On his behalf.

OLIVIA

                    O, by your leave, I pray you;
I bade you never speak again of him :
100 But, would you undertake another suit,
I had rather hear you to solicit that
Than music from the spheres.

VIOLA

                            Dear lady,—

OLIVIA

Give me leave, beseech you : I did send,
After the last enchantment you did here,

C'est le duc Orsino que vous servez, jeune homme.

VIOLA

Mais il vous sert et qui le sert vous doit servir :
Certes, le serviteur de votre serviteur,
Madame, est votre serviteur.

OLIVIA

Lui-même est hors de mes pensées ; mais les siennes,
Toutes pleines de moi, que ne sont-elles vides !

VIOLA

Je viens pour aiguiser en sa faveur, madame,
Vos aimables pensées.

OLIVIA

                    Je vous l'ai dit : de grâce
Cessez à tout jamais de me parler de lui.
Mais si vous suppliiez, par contre, pour un autre,
Je n'écouterais pas avec plus de plaisir
La musique des sphères.

VIOLA

                    Mais, charmante dame...

OLIVIA

Permettez, je vous prie. Je vous ai fait tenir,
Après l'enchantement dont vous fûtes l'auteur,

A ring in chase of you; so did I abuse
Myself, my servant and, I fear me, you :
Under your hard construction must I sit,
To force that on you in a shameful cunning
Which you knew none of yours : what might you
think?
110 Have you not set mine honour at the stake,
And baited it with all th'unmuzzled thoughts
That tyrannous heart can think?
To one of your receiving enough is shown,
A cypress, not a bosom, hides my heart :
So let me hear you speak.

VIOLA

I pity you.

OLIVIA

That's a degree to love.

VIOLA

No, not a grise;
For 'tis a vulgar proof,
That very oft we pity enemies.

OLIVIA

Why then methinks 'tis time to smile again :
120 O world, how apt the poor are to be proud!
If one should be a prey, how much the better
To fall before the lion than the wolf?

[*'clock strikes.'*
The clock upbraids me with the waste of time...

Une bague, abusant ainsi et de moi-même,
Et de mon serviteur et, je le crains, de vous.
C'est sans doute encourir votre blâme sévère
Que de vous obliger par mâle ruse à prendre
Un objet que vous saviez bien n'être point vôtre.
Qu'avez-vous pu penser? N'avez-vous pas, liant
Mon honneur au poteau, lancé à son encontre
Tous les soupçons démuselés d'un cœur cruel?
C'est en montrer assez à votre esprit sagace;
Un crêpe enclôt mon cœur, non pas une poitrine.
Vous avez la parole à présent.

VIOLA

Je vous plains.

OLIVIA

C'est un pas vers l'amour.

VIOLA

En aucune manière :
Plaindre ses ennemis se voit communément.

OLIVIA

Çà, il est temps, je crois, de sourire à nouveau.
Comme les pauvres sont enclins à la fierté!
S'il faut servir de proie, n'est-il pas préférable
De succomber au lion plutôt qu'au loup-cervier?

'L'horloge sonne.'
Ah! l'horloge me reproche le temps perdu.

Be not afraid, good youth, I will not have you :
And yet, when wit and youth is come to harvest,
Your wife is like to reap a proper man :
There lies your way, due west.

VIOLA

                    Then westward-ho!
Grace and good disposition attend your ladyship!
You'll nothing, madam, to my lord by me?

OLIVIA

130 Stay :
I prithee, tell me what thou think'st of me.

VIOLA

That you do think you are not what you are.

OLIVIA

If I think so, I think the same of you.

VIOLA

Then think you right; I am not what I am.

OLIVIA

I would you were as I would have you be!

Ne crains rien, jouvenceau, je ne veux pas de toi,
Encor qu'esprit et jeunes ans ayant mûri,
Ta femme engrangera peut-être un bon époux.
Ta route est là, droit au couchant[68].

VIOLA

                Cap à l'ouest[69], donc!
Les grâces et la bonne humeur vous accompagnent!
Vous n'avez rien, madame, à mander à mon maître?

OLIVIA

Arrête! — Je te prie, que penses-tu de moi?

VIOLA

Que vous pensez ne pas être ce que vous êtes.

OLIVIA

Si je le pense, je le pense aussi de toi.

VIOLA

C'est bien pensé : je ne suis pas ce que je suis.

OLIVIA

Que n'es-tu tel que je voudrais que tu le fusses!

VIOLA

Would it be better, madam, than I am,
I wish it might, for now I am your fool.

OLIVIA

O, what a deal of scorn looks beautiful
In the contempt and anger of his lip!
140 A murd'rous guilt shows not itself more soon
Than love that would seem hid : love's night is noon.
Cesario, by the roses of the spring,
By maidhood, honour, truth, and every thing,
I love thee so, that, maugre all thy pride,
Nor wit nor reason can may passion hide.
Do not extort thy reasons from this clause,
For that I woo, thou therefore hast no cause :
But rather reason thus with reason fetter,
Love sought is good... but given unsought is better.

VIOLA

150 By innocence I swear, and by my youth,
I have one heart, one bosom, and one truth,
And that no woman has, nor never none
Shall mistress be of it, save I alone.
And so adieu, good madam! never more
Will I my master's tears to you deplore.

OLIVIA

Yet come again : for thou perhaps mayst move
That heart, which now abhors, to like his love.

[*they go.*

VIOLA

M'en trouverais-je mieux que je ne suis, madame ?
Je le souhaite, étant votre jouet pour l'heure.

OLIVIA

Que de superbe tout ensemble et de beauté
Dans le pli dédaigneux de sa lèvre irritée[70] !
Le meurtre se trahit moins vite que l'amour
Qui se croit dans la nuit et paraît au grand jour.
Césario, par les roses printanières,
Par l'honneur d'une vierge et la fidélité,
Par tout enfin, je t'aime ! et, malgré ta fierté,
Pour esprit ni raison je ne saurais m'en taire.
Ah ! ne te prévaux point de la raison forcée
Que je vais courtisant pour, toi, n'en plus rien faire
Enchaîne ainsi raison et raison : recherché,
L'amour est bon ; meilleur, s'il est lui-même offert

VIOLA

Au nom de l'innocence, au nom de ma jeunesse,
Je n'ai qu'un cœur, qu'une poitrine, qu'une foi,
Et jamais, je le jure, en second avec moi,
Nulle femme n'en fut ni n'en sera maîtresse.
Chère madame, adieu ! Du maître que je sers
Vous ne me verrez plus venir pleurer les pleurs.

OLIVIA

Reviens pourtant : qui sait, tu gagneras peut-être
Ce cœur qui le déteste à l'amour de ton maître.

Elles sortent.

[III, 2.]

A ROOM IN OLIVIA'S HOUSE

Sir TOBY BELCH, Sir ANDREW AGUECHEEK, and FABIAN.

SIR ANDREW

No, faith, I'll not stay a jot longer.

SIR TOBY

Thy reason, dear venom, give thy reason.

FABIAN

You must needs yield your reason, Sir Andrew.

SIR ANDREW

Marry, I saw your niece do more favours to the count's serving-man than ever she bestowed upon me; I saw't i'th'orchard.

SIR TOBY

Did she see thee the while, old boy? tell me that.

SCÈNE II

UNE SALLE CHEZ OLIVIA

Messire TOBIE ROTEGRAS, *messire* ANDRÉ GRISEMINE *et* FABIEN.

MESSIRE ANDRÉ

Non, ma parole, je ne resterai pas une seconde de plus.

MESSIRE TOBIE

Ta raison, cher crache-venin, donne-nous ta raison.

FABIEN

Il faut de toute nécessité exposer votre raison, messire André.

MESSIRE ANDRÉ

Par ma foi, j'ai vu votre nièce montrer plus de faveur au messager du Duc qu'elle ne m'en a jamais accordé ; oui, je l'ai vu dans le jardin.

MESSIRE TOBIE

Et elle, t'a-t-elle vu pendant ce temps-là, compère ? Dis-moi ça.

SIR ANDREW

As plain as I see you now.

FABIAN

This was a great argument of love in her toward you.

SIR ANDREW

10 'Slight! will you make an ass o' me?

FABIAN

I will prove it legitimate, sir, upon the oaths of judgement and reason.

SIR TOBY

And they have been grand-jurymen since before Noah was a sailor.

FABIAN

She did show favour to the youth in your sight, only to exasperate you, to awake your dormouse valour, to put fire in your heart, and brimstone in your liver : you should then have accosted her, and with some excellent jests, fire-new from the mint, you should have banged
20 the youth into dumbness : this was looked for at your hand, and this was balked : the double gilt of this opportunity you let time wash off, and you are now

MESSIRE ANDRÉ

Aussi clairement que je vous vois à cette heure.

FABIEN

C'est une grande preuve d'amour qu'elle vous a donnée
là.

MESSIRE ANDRÉ

Jour de Dieu! Me prenez-vous pour un âne?

FABIEN

Je vais vous prouver le bien-fondé de la chose, monsieur, sur témoignages jurés du jugement et de la
raison[71].

MESSIRE TOBIE

Lesquels étaient déjà grands-jurés avant que Noé ne fût
matelot.

FABIEN

Elle n'a montré sa faveur au jouvenceau sous vos yeux
que pour vous exaspérer, pour réveiller votre valeur de
loir, pour vous bouter le feu au cœur et le salpêtre au
foie. Vous auriez dû l'accoster alors et, au moyen de
quelques excellentes pointes, de frappe toute neuve,
estourbir le jouvenceau jusqu'au mutisme. Voilà ce
qu'on attendait de vous, et cette attente a été déçue. La
double dorure de l'occasion vous avez laissé le temps la
laver de son flot. Et vous voilà voguant dans les mers

sailed into the north of my lady's opinion, where you
will hang like an icicle on a Dutchman's beard, unless
you do redeem it by some laudable attempt, either of
valour or policy.

SIR ANDREW

An't be any way, it must be with valour, for policy I
hate : I had as lief be a Brownist, as a politician.

SIR TOBY

Why then, build me thy fortunes upon the basis of
valour. Challenge me the count's youth to fight with
30 him, hurt him in eleven places—my niece shall take
note of it, and assure thyself there is no love-broker in
the world can more prevail in man's commendation
with woman than report of valour.

FABIAN

There is no way but this, Sir Andrew.

SIR ANDREW

Will either of you bear me a challenge to him?

SIR TOBY

Go, write it in a martial hand, be curst and brief; it is no
matter how witty, so it be eloquent and full of invention : taunt him with licence of ink : if 'thou'st' him
some thrice, it shall not be amiss; and as many lies as

arctiques de l'estime de Madame, où vous resterez suspendu comme un glaçon à la barbe d'un Hollandais[72] si vous ne rachetez cela par quelque mémorable exploit de bravoure ou d'intrigue.

MESSIRE ANDRÉ

Si j'obtiens quoi que ce soit, ce sera par la bravoure, car je déteste l'intrigue. J'aimerais mieux être un archi-Puritain[73] qu'un intrigant.

MESSIRE TOBIE

Eh bien alors, bâtis-moi ta fortune sur les fondements de la valeur. Provoque-moi en combat singulier le jeune envoyé du duc, blesse-le en onze endroits, ce qui sera remarqué par ma nièce, et sois assuré qu'il n'y a pas au monde de meilleur courtier en amour pour recommander un homme auprès d'une femme, qu'un renom de courage.

FABIEN

Pas d'autre moyen, messire André.

MESSIRE ANDRÉ

Est-ce que l'un de vous lui portera mon cartel?

MESSIRE TOBIE

Va, écris-lui d'une main martiale, sois bourru et bref; peu importe l'esprit, pourvu que cela soit éloquent et respire l'invention neuve. Outrage-le avec la liberté que permet l'encre. Si tu le tutoies à deux ou trois reprises,

40 will lie in thy sheet of paper, although the sheet were big
enough for the bed of Ware in England, set' em
down—go, about it. Let there be gall enough in thy ink,
though thou write with a goose-pen, no matter : about it.

SIR ANDREW

Where shall I find you?

SIR TOBY

We'll call thee at the † cubicle : go.

[*Sir Andrew goes.*

FABIAN

This is a dear manakin to you, Sir Toby.

SIR TOBY

I have been dear to him, lad—some two thousand
stronge, or so.

FABIAN

We shall have a rare letter from him... but you'll not
50 deliver't?

SIR TOBY

Never trust me then; and by all means stir on the youth
to an answer. I think oxen and wainropes cannot hale

ce ne sera pas mauvais, et couche-moi sur ta feuille autant de mensonges à dormir debout qu'elle en pourra contenir, quand bien même elle serait assez ample pour servir de drap au lit [à douze] de Ware[74]. Qu'il y ait une bonne dose de fiel dans ton encre, même si tu écris avec une plume d'oie. A l'œuvre !

MESSIRE ANDRÉ

Où vous retrouverai-je ?

MESSIRE TOBIE

Nous viendrons te prendre à ton cubicule. Va.

Sort messire André.

FABIEN

Le pantin vous est cher, messire Tobie.

MESSIRE TOBIE

C'est moi qui lui suis cher, mon garçon : je lui coûte quelque chose comme deux mille livres.

FABIEN

Il va nous trousser une rare missive ; mais vous n'allez pas la délivrer ?

MESSIRE TOBIE

Si je ne le fais pas, ne me crois plus jamais ; et je mettrai tout en œuvre pour pousser le jouvenceau à répondre.

them together. For Andrew, if he were opened and you find so much blood in his liver as will clog the foot of a flea, I'll eat the rest of th'anatomy.

FABIAN

And his opposite, the youth, bears in his visage no great presage of cruelty.

Maria comes tripping in, holding her sides for laughter.

SIR TOBY

Look, where the youngest wren of nine comes.

MARIA

If you desire the spleen, and will laugh yourselves into
60 stitches, follow me... Yon gull Malvolio is turned heathen, a very renegado; for there is no Christian, that means to be saved by believing rightly, can ever believe such impossible passages of grossness... [*overcome with laughter*] He's in yellow stockings!

SIR TOBY [*shouts*].

And cross-gartered?

MARIA

Most villainously; like a pedant that keeps a school i'th' church... I have dogged him like his murderer. He does obey every point of the letter that I dropped to betray

M'est avis que, même en les halant à l'aide de bœufs et de câbles, on ne parviendrait pas à les mettre aux prises. Quant à André, si vous l'éventrez et lui trouvez au foie assez de sang pour poisser une patte de mouche, je veux bien manger le reste de l'anatomie.

FABIEN

Quant à son adversaire, le jouvenceau, sa mine ne présage guère de férocité.

Entre Maria, se tenant les côtes.

MESSIRE TOBIE

Regardez, voici venir le petit dernier des neuf roitelets.

MARIA

Si vous voulez vous donner du bon temps et rire à en avoir des points de côté, suivez-moi. Ce jean-foutre de Malvolio est mué en païen, en vrai renégat ; car il n'est pas de chrétien soucieux de faire son salut en confessant la vraie foi qui puisse croire d'aussi invraisemblables bourdes. Il est en bas jaunes !

MESSIRE TOBIE

Et en jarretières croisées ?

MARIA

Le plus hideusement du monde ; comme un pédant qui tient école à l'église. Je me suis attachée à ses pas tel un assassin. Il obéit de tout point à la lettre que j'ai laissée

him : he does smile his face into more lines than is in
70 the new map, with the augmentation of the Indies : you
have not seen such a thing as 'tis... I can hardly forbear
hurling things at him, I know my lady will strike him :
if she do, he'll smile and take't for a great favour.

SIR TOBY

Come, bring us, bring us where he is.

[*they rush forth.*

[III, 3.]

A STREET

ANTONIO and SEBASTIAN approach.

SEBASTIAN

I would not by my will have troubled you,
But since you make your pleasure of your pains,
I will no further chide you.

ANTONIO

I could not stay behind you : my desire,
More sharp than filéd steel, did spur me forth;
And not all love to see you, though so much
As might have drawn one to a longer voyage,
But jealousy what might befall your travel,
Being skilless in these parts; which to a stranger,

choir pour le berner. Son visage est tellement plissé de
sourires qu'il offre plus de lignes que la nouvelle carte
aux Indes agrandies[75]. Vous n'avez jamais rien vu de
pareil. A peine si je peux me retenir de lui lancer
quelque chose à la tête. Je suis sûre que madame va le
gifler, et lui, il sourira en prenant ça comme une grande
faveur.

MESSIRE TOBIE

Allons, conduis-nous, conduis-nous à lui.

Ils sortent.

SCÈNE III

UNE RUE

Entrent ANTONIO *et* SÉBASTIEN.

SÉBASTIEN

J'aurais voulu vous épargner cet embarras,
Mais puisque c'est plaisir pour vous que prendre peine,
Je ne vous gronde plus.

ANTONIO

Vous parti, je n'ai pu demeurer : mon désir,
Plus aigu que lame affilée, m'éperonnait.
Non seulement l'impatience de vous voir
M'aurait bien pu jeter dans un plus long voyage,
Mais je craignais pour vous les hasards de la route
En ce pays qui vous est neuf et qui souvent

10 Unguided and unfriended, often prove
Rough and unhospitable : my willing love,
The rather by these arguments of fear,
Set forth in your pursuit.

SEBASTIAN

My kind Antonio,
I can no other answer make but thanks,
† And thanks, and ever thanks; and oft good turns
Are shuffled off with such uncurrent pay :
But, were my worth as is my conscience firm,
You should find better dealing... What's to do?
Shall we go see the relics of this town?

ANTONIO

20 To-morrow sir—best first go see your lodging.

SEBASTIAN

I am not weary, and 'tis long to night :
I pray tou, let us satisfy our eyes
With the memorials and the things of fame
That do renown this city.

ANTONIO

Would you'ld pardon me;
I do not without danger walk these streets.
Once in a sea-fight'gainst the count his galleys
I did some service, of such note indeed
That were I ta'en here it would scarce be answered.

Malmène l'étranger sans guide et sans ami.
Donc mon affection émue d'inquiétude
Après vous s'est lancée.

SÉBASTIEN

              Mon cher Antonio
Comment vous répondrais-je, hormis par des mercis
Et toujours des mercis ? Fausse monnaie, hélas,
Par laquelle on s'acquitte aisément des bienfaits :
Vous seriez certes mieux traité si ma fortune
Répondait à ma dévotion. — Qu'allons-nous faire ?
Irons-nous contempler les beautés de l'endroit ?

ANTONIO

Demain, monsieur : voyons d'abord à vous loger.

SÉBASTIEN

La nuit est loin encore et je me sens dispos.
Si vous le voulez bien, rassasions nos yeux
Des curiosités et monuments fameux
Qui font la gloire de la ville.

ANTONIO

                    Excusez-moi,
Je ne puis sans péril me montrer par ces rues.
Jadis, en combattant les galères du Duc,
J'ai joué dans l'affaire un rôle assez notable
Pour n'espérer, si j'étais pris, aucun pardon.

SEBASTIAN

Belike you slew great number of his people.

ANTONIO

30 Th'offence is not of such a bloody nature,
Albeit the quality of the time and quarrel
Might well have given us bloody argument :
It might have since been answered in repaying
What we took from them, which for traffic's sake
Most of our city did : only myself stood out,
For which, if I be lapséd in this place,
I shall pay dear.

SEBASTIAN

Do not then walk too open.

ANTONIO

It doth not fit me... Hold, sir, here's my purse,

[*he gives it.*

In the south suburbs, at the Elephant,
40 Is best to lodge : I will bespeak our diet,
Whiles you beguile the time and feed your knowledge
With viewing of the town; there shall you have me.

SEBASTIAN

Why I your purse?

SÉBASTIEN

Auriez-vous tué bon nombre de ses gens?

ANTONIO

Non, l'offense n'est pas d'aussi sanglante sorte
Encor que la querelle, en cette conjoncture,
Ait bien failli tourner au conflit meurtrier.
J'aurais pu réparer les choses depuis lors
En remboursant le butin pris, comme l'ont fait
Tous mes concitoyens soucieux de négoce,
Mais seul j'ai tenu bon : aussi, me faire prendre
Me coûterait-il cher.

SÉBASTIEN

Ne vous exposez pas!

ANTONIO

Il m'en cuirait. Tenez, monsieur, voici ma bourse.
C'est dans la banlieue sud, à l'Éléphant, qu'il sied
Le mieux loger: j'y retiendrai vivre et couvert
Tandis que vous tuerez le temps et calmerez
Votre soif de connaître en visitant la ville.
Retrouvons-nous là-bas.

SÉBASTIEN

Mais pourquoi votre bourse?

ANTONIO

Haply your eye shall light upon some toy
You have desire to purchase; and your store,
I think, is not for idle markets, sir.

SEBASTIAN

I'll be your purse-bearer, and leave you for an hour.

ANTONIO

To th'Elephant.

SEBASTIAN

I do remember.

[*they go off in different directions.*

[III, 4.]

OLIVIA'S GARDEN

OLIVIA enters musing, followed by MARIA; *Olivia sits.*

OLIVIA

I have sent after him, he says he'll come;
How shall I feast him? what bestow of him?
For youth is bought more oft than begged or borrowed.
I speak too loud...

ANTONIO

Vos yeux pourraient tomber sur quelque bagatelle
Que vous auriez envie d'acheter, et je crois
Que vos moyens, monsieur, excluent pareils achats.

SÉBASTIEN

Je serai donc votre porte-bourse et vous quitte pour une
heure.

ANTONIO

A l'Éléphant.

SÉBASTIEN

Je me souviens.

Ils sortent séparément.

SCÈNE IV

LE JARDIN D'OLIVIA

Entre OLIVIA, *suivie de* MARIA.

OLIVIA

Je l'ai fait demander : il répond qu'il viendra.
Comment donc le fêter ? Quel cadeau lui offrir ?
La jeunesse n'est pas donneuse, ni prêteuse,
Mais bien plutôt s'achète... Oh ! je parle trop fort.

[*to Maria*] Where's Malvolio? he is sad and civil,
And suits well for a servant with my fortunes—
Where is Malvolio?

MARIA

He's coming, madam; but in very strange manner. He
is, sure, possessed, madam.

OLIVIA

10 Why, what's the matter? does he rave?

MARIA

No, madam, he does nothing but smile : your ladyship
were best to have some guard about you, if he come, for
sure the man is tainted in's wits.

OLIVIA

Go, call him hither...

Malvolio, in yellow stockings and with awkward gait,
is seen coming down the walk.
                    I am as mad as he,
If sad and merry madness equal be.
How now, Malvolio?

MALVOLIO

Sweet lady, ho, ho.

(A Maria) Où est Malvolio? Sa politesse grave
En fait le serviteur qui sied à mon état.
Où est Malvolio?

MARIA

Il vient, madame, mais il a bien étrange allure. A coup
sûr, madame, il est possédé.

OLIVIA

Comment? Qu'a-t-il? Est-ce qu'il délire?

MARIA

Non, Madame, il ne fait que sourire. Votre Seigneurie
ferait mieux, s'il vient, d'avoir quelque protection
auprès d'elle, car pour sûr notre homme a la cervelle
dérangée.

OLIVIA

Qu'on me l'envoie.

Entre Malvolio, en bas jaunes, marchant gauchement.
          Je suis aussi folle que lui
Pour peu que folie triste et folie gaie se vaillent.
Eh bien, Malvolio?

MALVOLIO

Douce maîtresse, ho, ho!

OLIVIA

Smil'st thou?
I sent for thee upon a sad occasion.

MALVOLIO

20 Sad, lady? I could be sad : this does make some
obstruction in the blood, this cross-gartering—but
what of that? if it please the eye of one, it is with me as
the very true sonnet is : 'Please one and please all.'

OLIVIA

Why, how dost thou, man? what is the matter with
thee?

MALVOLIO

Not black in my mind, though yellow in my legs... It
did come to his hands, and commands shall be exe-
cuted. I think we do know the sweet Roman hand.

OLIVIA

Wilt thou go to bed, Malvolio?

MALVOLIO

Te bed! ay, sweet-heart, and I'll come to thee.

OLIVIA

Tu souris, ce me semble ?
C'est un grave souci qui me fait t'appeler.

MALVOLIO

Du souci, maîtresse ? C'est moi qui aurais lieu de m'en
faire : ça ne laisse pas de vous obstruer le sang, ces
jarretières croisées. Mais qu'importe, si la chose plaît
aux yeux de certaine, il en est de moi comme dans le
très véridique sonnet : « Plaisez à une et vous plairez à
toutes[76]. »

OLIVIA

Dis-moi, comment te sens-tu ? Mon ami ? Que t'arrive-
t-il ?

MALVOLIO

Je n'ai pas l'âme enténébrée, mais les jambes ensoleil-
lées. La missive est venue en mes mains et les comman-
dements seront exécutés. Nous connaissons, je crois,
cette belle cursive romaine[77].

OLIVIA

Veux-tu prendre le lit, Malvolio ?

MALVOLIO

Le lit ! Que oui, mon doux cœur, et j'irai à toi.

OLIVIA

30 God comfort thee! Why dost thou smile so, and kiss thy
hand so oft?

MARIA

How do you, Malvolio?

MALVOLIO [*disdainful*].

At your request! yes, nightingales answer daws.

MARIA.

Why appear you with this ridiculous boldness before
my lady?

MALVOLIO [*to Olivia*].

'Be not afraid of greatness' : twas well writ.

OLIVIA

What mean'st thou by that, Malvolio?

MALVOLIO

'Some are born great,'—

OLIVIA

Dieu t'aide! Pourquoi sourire ainsi et te baiser la main sans cesse?

MARIA

Comment vous sentez-vous, Malvolio?

MALVOLIO

Vous répondrai-je à vous? Oui, les rossignols répondent aux geais.

MARIA

Pourquoi ce ridicule étalage d'impudence devant ma maîtresse?

MALVOLIO

« Que la grandeur ne t'effraye point » : c'était dûment écrit.

OLIVIA

Que veux-tu dire par là, Malvolio?

MALVOLIO

« Les uns naissent grands »...

OLIVIA

Ha?

MALVOLIO

40 'Some achieve greatness', —

OLIVIA

What say'st thou?

MALVOLIO

'And some have greatness thrust upon them.'

OLIVIA

Heaven restore thee!

MALVOLIO

'Remember, who commended thy yellow stockings' —

OLIVIA

Thy yellow stockings!

MALVOLIO

'And wished to see the cross-gartered.'

OLIVIA

Hé?

MALVOLIO

« Les autres se haussent jusqu'à la grandeur. »

OLIVIA

Que dis-tu?

MALVOLIO

« D'autres encore s'en voient revêtir. »

OLIVIA

Le Ciel te guérisse!

MALVOLIO

« Rappelle-toi qui te fit compliment de tes bas jaunes »...

OLIVIA

De tes bas jaunes!

MALVOLIO

« Et souhaita te voir toujours en jarretières croisées. »

OLIVIA

Cross-gartered?

MALVOLIO

'Go to, thou art made, if thou desir'st to be so'—

OLIVIA

Am I made?·

MALVOLIO

50 'If not, let me see thee a servant still.'

OLIVIA

Why, this is very midsummer madness.

A servant comes from the house.

SERVANT

Madam, the young gentleman of the Count Orsino's is
returned—I could hardly entreat him back : he attends
your ladyship's pleasure.

OLIVIA

I'll come to him [*the servant goes*]. Good Maria, let this
fellow be looked to. Where's my cousin Toby? let some
of my people have a special care of him, I would not
have him miscarry for the half of my dowry.

[*she enters the house followed by Maria.*

OLIVIA

En jarretières croisées !

MALVOLIO

« Va, ta fortune est faite si tu le désires »...

OLIVIA

Ma fortune est faite ?

MALVOLIO

« Sinon, je veux te voir rester intendant. »

OLIVIA

Mais c'est la folie même de la Saint-Jean qui le tient !

Entre un serviteur.

LE SERVITEUR

Madame, le jeune gentilhomme du duc Orsino est revenu, et j'ai bien cru que mes prières n'y suffiraient pas. Il attend le bon plaisir de Votre Seigneurie.

OLIVIA

Je vais le retrouver. *(Sort le serviteur.)* Ma bonne Maria, qu'on prenne soin de notre compagnon. Où est mon cousin Tobie ? Quelques-uns de mes gens devront veiller tout spécialement sur lui, je ne voudrais pas pour la moitié de mon douaire qu'il vînt à mal.

Elle sort, suivie de Maria.

MALVOLIO

O, ho! do you come near me now? no worse man than
60 Sir Toby to look to me! This concurs directly with the
letter—she sends him on purpose, that I may appear
stubborn to him; for she incites me to that in the letter.
'Cast thy humble slough', says she; 'be opposite with a
kinsman, surly with servants, let thy tougue tang with
arguments of state, put thyself into the trick of singularity'; and consequently sets down the manner how; as,
a sad face, a reverend carriage, a slow tongue, in the
habit of some sir of note, and so forth. I have limed her,
but it is Jove's doing, and Jove make me thankful! And
70 when she went away now, 'Let this fellow be looked
to': fellow! not Malvolio, nor after my degree, but
'fellow.' Why, every thing adheres together, that not
dram of a scruple, no scruple of a scruple, no obstacle,
no incredulous or unsafe circumstance—what can be
said?—nothing that can be, can come between me and
the full prospect of my hopes. Well, Jove, not I, is the
doer of this, and he is to be thanked.

Maria returns with Sir Toby Belch and Fabian.

SIR TOBY

Which way is he, in the name of sanctity? If all the
devils of hell be drawn in little, and Legion himself
possessed him, yet I'll speak to him.

MALVOLIO

O ho! Commencerait-on à m'apprécier? Rien de moins
que messire Tobie pour prendre soin de moi! Voilà qui
concorde précisément avec la lettre : elle me l'envoie
tout exprès pour que je lui tienne la dragée haute,
comme elle m'y incite dans ladite : « Rejette ton
humble peau, dit-elle, rabroue mon parent, sois cassant
avec les serviteurs, que ta langue résonne de discours
majestueux, donne-toi un air de singularité »; et en
conséquence, de m'en exposer le comment : visage
sévère, démarche imposante, parler lent, à l'exemple de
quelque personnage de marque, et ainsi de suite. Je l'ai
prise à la glu, mais c'est l'œuvre de Jupiter, que Jupiter
me fasse reconnaissant! Et tout à l'heure, en sortant :
« Qu'on prenne soin de notre compagnon. » Compagnon! Non pas Malvolio, non pas mon appellation
hiérarchique, mais « compagnon »! Allons, tout
concorde, il n'y a pas un grain d'once, pas l'once d'une
once d'un obstacle, pas un détail inquiétant ou suspect
— que dire encore — il n'y a rien au monde enfin qui
pourrait s'interposer entre moi et le champ libre de mes
espoirs. A vrai dire, ce n'est pas moi qui ai fait cela,
c'est Jupiter : grâces lui soient rendues!

Rentre Maria avec messire Tobie Rotegras et Fabien.

MESSIRE TOBIE

Où est-il passé, au nom de la sacro-sainteté? Quand
tous les diables de l'Enfer se seraient recroquevillés en
sa personne et que Légion[78] lui-même le possédât, je lui
parlerai.

FABIAN

80 Here he is, here he is... How is't with you, sir?

† SIR TOBY

How is't with you, man?

MALVOLIO

Go off, I discard you; let me enjoy my private : go off.

MARIA

Lo, how hollow the fiend speaks withim him! did not I
tell you? Sir Toby, my lady prays you to have a care of
him.

MALVOLIO

Ah, ha! does she so!

SIR TOBY

Go to, go to : peace, peace, we must deal gently with
him : let me alone. How do you, Malvolio? how is't
with you? What, man! defy the devil : consider, he's
an enemy to mankind.

FABIEN

Le voici, le voici... Comment vous portez-vous, monsieur?

MESSIRE TOBIE

Comment vous portez-vous vous-même, mon ami?

MALVOLIO

Au large! Je vous congédie. Laissez-moi jouir en paix de ma solitude. Au large!

MARIA

Hélas, de quelle voix caverneuse le Démon parle en lui! Ne vous l'avais-je pas dit? Messire Tobie, madame vous demande de veiller sur lui.

MALVOLIO

Ha, ha!

MESSIRE TOBIE

Allons, allons, paix, paix : nous devons le traiter avec douceur. Laissez-moi faire. Comment vous portez-vous, Malvolio? Comment vous sentez-vous? Voyons, l'ami, tiens tête au diable : considère que c'est l'ennemi du genre humain.

MALVOLIO

90 Do you know what you say?

MARIA

La you! an you speak ill of the devil, how he takes it at
heart! Pray God, he be not bewitched!

FABIAN

Carry his water to th'wise woman.

MARIA

Marry, and it shall be done to-morrow morning, if I
live.
My lady would not lose him for more than I'll say.

MALVOLIO

How now, mistress!

MARIA [*chokes*].

O Lord!

SIR TOBY

Prithee, hold thy peace, this is not the way : do you not
see you move him? let me alone with him.

MALVOLIO

Savez-vous ce que vous dites?

MARIA

Voyez-vous! Dès qu'on parle du diable, comme il le prend à cœur! Plaise à Dieu qu'on ne l'ait pas ensorcelé[79]!

FABIEN

Apportez de son urine à la devineresse.

MARIA

Par Marie, ça sera fait demain si je suis en vie. Madame ne voudrait pas le perdre pour un empire.

MALVOLIO

Qu'est-ce à dire, péronnelle?

MARIA

O Seigneur!

MESSIRE TOBIE

Tiens-toi tranquille, je t'en prie, il faut s'y prendre autrement : ne voyez-vous pas que vous l'excitez? Laissez-moi faire.

FABIAN

100 No way but gentleness, gently, gently : the fiend is
rough, and will not be roughly used.

SIR TOBY

Why, how now, my bawcock! how dost thou, chuck?

MALVOLIO

Sir!

SIR TOBY

Ay, Biddy, come with me. What, man! 'tis not for
gravity to play at cherry-pit with Satan. Hang him, foul
collier!

MARIA

Get him to say his prayers, good Sir Toby, get him to
pray.

MALVOLIO

My prayers, minx!

MARIA

110 No, I warrant you, he will not hear of godliness.

FABIEN

Pas d'autre moyen que la douceur. Doucement, doucement. L'Adversaire est violent, mais ne se laisse pas faire violence.

MESSIRE TOBIE

Eh bien, comment va mon joli coq ? Comment vas-tu, mon poulet ?

MALVOLIO

Monsieur !

MESSIRE TOBIE

Viens mon poussin, viens me rejoindre. Allons, mon cher, ce n'est pas l'affaire d'un homme sérieux que de jouer à la fossette avec Satan. Au gibet, le crasseux Charbonnier[80] !

MARIA

Faites-lui dire ses prières, bon Messire Tobie, faites-le prier !

MALVOLIO

Mes prières, pécore !

MARIA

Je vous dis bien qu'il ne veut pas entendre parler de religion.

MALVOLIO

Go, hang yourselves all! you are idle shallow things—I
am not of your element—you shall know more hereafter.

[*he goes; they gaze after him in amazement.*

SIR TOBY

Is't possible?

FABIAN

If this were played upon a stage now, I could condemn
it as an improbable fiction.

SIR TOBY

His very genius hath taken the infection of the device,
man.

MARIA

Nay, pursue him now, lest the device take air and taint.

FABIAN

Why, we shall make him mad indeed.

MALVOLIO

Allez tous vous faire pendre! Créatures oiseuses et vaines que vous êtes, je ne suis pas de votre sphère... vous aurez plus tard de mes nouvelles.

Il sort.

MESSIRE TOBIE

Est-ce possible?

FABIEN

Si l'on jouait cela sur une scène, je dirais : Peuh! c'est une fiction invraisemblable.

MESSIRE TOBIE

Mon cher, il est atteint jusqu'à l'âme par notre stratagème.

MARIA

Poursuivons-le sur-le-champ, de peur que le stratagème en question ne s'évente et ne se gâte.

FABIEN

Mais nous allons le rendre fou pour de bon!

MARIA

120 The house will be the quieter.

SIR TOBY

Come, we'll have him in a dark room and bound. My
niece is already in the belief that he's mad; we may
carry it thus, for our pleasure and his penance, till our
very pastime, tired out of breath, prompt us to have
mercy on him : at which time we will bring the device
to the bar and crown thee for a finder of madmen... But
see, but see.

Sir Andrew Aguecheek comes forth, a letter in his
hand.

FABIAN

More mater for a May morning!

SIR ANDREW

Here's the challenge, read it : I warrant there's vinegar
and pepper in't.

FABIAN

130 Is't so saucy?

SIR ANDREW

Ay, is't! I warrant him : do but read.

MARIA

La maison n'en sera que plus tranquille.

MESSIRE TOBIE

Tenez, nous allons le fourrer dans une chambre noire, oui, et ligoté. Ma nièce le croit déjà fou. Pour notre plaisir et sa pénitence, nous allons pousser la plaisante-rie jusqu'à tant qu'elle soit elle-même à bout de souffle et par là nous incite à le prendre en pitié; alors nous citerons le stratagème à la barre et nous te couronnerons reine des traqueuses de fous. Mais voyez, voyez!

Entre messire André Grisemine, une lettre à la main.

FABIEN

Encore de la mouture pour un matin de mai[81]!

MESSIRE ANDRÉ

Voici le cartel, lisez-le; je vous garantis qu'il y a dedans du vinaigre et du poivre.

FABIEN

Est-il vraiment si piquant que ça?

MESSIRE ANDRÉ

S'il l'est! Oui-da, je le lui garantis. Lisez seulement.

SIR TOBY

Give me. [*he reads*] 'Youth, whatsoever thou art, thou
art but a scurvy fellow'.

FABIAN

Good, and valiant.

SIR TOBY

'Wonder not, nor admire not in thy mind, why I do call
thee so, for I will show thee no reason fort't'.

FABIAN.

A good note, that keeps you from the blow of the law.

SIR TOBY

'Thou com'st to the Lady Olivia, and in my sight she
uses thee kindly : but thou liest in thy throat, that is not
140 the matter I challenge thee for.'

FABIAN

Very brief, and to exceeding good sense—[*aside*] less.

MESSIRE TOBIE

Donne. *(Lisant)* « Jeune homme, qui que tu sois, tu n'es qu'un teigneux. »

FABIEN

Bien dit et vaillant.

MESSIRE TOBIE

« Ne t'étonne pas ni ne te tracasse les méninges parce que je t'appelle ainsi. Je ne t'en fournirai aucune raison. »

FABIEN

Bonne clause et qui vous met à l'abri des coups de la loi[82].

MESSIRE TOBIE

« Tu viens chez la comtesse Olivia et sous mes yeux elle te traite aimablement. Mais tu mens par la gorge, telle n'est pas la raison de mon défi. »

FABIEN

Très bref, et ce qui s'appelle raisonné... *(à part)* en dépit du bon sens.

SIR TOBY

'I will waylay thee going home, where if it be thy chance
to kill me,' —

FABIAN

Good.

SIR TOBY

'Thou kill'st me like a rogue and a villain.'

FABIAN

Still you keep o'th' windy side of the law : good.

SIR TOBY

'Fare thee well, and God have mercy upon one of our
souls! He may have mercy upon mine, but my hope is
better, and so look to thyself. Thy friend, as thou usest
150 him, and thy sworn enemy,
                                    ANDREW AGUECHEEK.'
If this letter move him not, his legs cannot : I'll give't
him.

MARIA

You may have very fit occasion for't : he is now in some
commerce with my lady, and will by and by depart.

SIR TOBY

Go, Sir Andrew; scout me for him at the corner of the

MESSIRE TOBIE

« Je te guetterai quand tu t'en retourneras et, si tu as la chance de me tuer... »

FABIEN

Bon.

MESSIRE TOBIE

« Tu me tueras comme un chenapan et un coquin. »

FABIEN

Vous vous tenez toujours au vent de la loi. Bon.

MESSIRE TOBIE

« Au revoir, et que Dieu prenne en pitié l'une de nos deux âmes. Peut-être sera-ce la mienne, mais j'ai meilleur espoir ; ainsi donc, prends garde ! Ton ami selon que tu en useras avec lui et ton ennemi juré,
                                  André Grisemine. »
Si cette lettre ne le remue pas, ses jambes mêmes y sont impuissantes. Je m'en vais la lui donner.

MARIA

Vous avez une occasion toute trouvée : il est en train de parler à madame, et il ne tardera pas à sortir.

MESSIRE TOBIE

Va, messire André, va me l'épier au détour du jardin

orchard like a bum-baily : so soon as ever thou seest
him draw, and as thou draw'st, swear horrible; for it
comes to pass oft that a terrible oath, with a swaggering
accent sharply twanged off, gives manhood more
160 approbation than ever proof itself would have earned
him. Away!

SIR ANDREW

Nay, let me alone for swearing.

[*he leaves the garden by the outer door.*

SIR TOBY

Now will not I deliver his letter : for the behaviour of
the young gentleman gives him out to be of good
capacity and breeding; his employment between his
lord and my niece confirms no less; therefore this
letter, being so excellently ignorant, will breed no
terror in the youth : he will find it comes from a
clodpole. But, sir, I will deliver his challenge by word
of mouth; set upon Aguecheek a notable report of
valour; and drive the gentleman, as I know his youth
170 will aptly receive it, into a most hideous opinion of his
rage, skill, fury and impetuosity. This will so fright
them both, that they will kill one another by the look,
like cockatrices.

[*Olivia and Viola come from the house.*

FABIAN

Here he comes with your niece—give them way till he
take leave, and presently after him.

comme un recors. Dès que tu le verras, dégaine et, en dégainant, pousse un juron épouvantable ; car il arrive souvent qu'un terrible blasphème tonitrué d'une voix perçante sur un ton bien fanfaron vous acquière un brevet de virilité mieux qu'aucune preuve palpable. Va !

MESSIRE ANDRÉ

Pour ce qui est de jurer, rapportez-vous-en à moi.

Il sort.

MESSIRE TOBIE

Ma foi, je ne remettrai pas sa lettre ; car la conduite de ce jeune gentilhomme prouve qu'il a de l'esprit et qu'il est bien élevé ; et le fait qu'il serve de truchement entre son maître et ma nièce ne fait que le confirmer ; aussi cette lettre, dans sa superlative ineptie, ne lui inspirera-t-elle aucune terreur : il percevra qu'elle vient d'un niais. Mais, monsieur, je veux délivrer ce cartel de vive voix, doter Grisemine d'une notable réputation de vaillance, et amener le gentilhomme — comme sa jeunesse, je le sais, y sera encline — à se faire une idée horrifique de sa rage, de son adresse, de sa fureur et de son impétuosité. Cela les effrayera si bien l'un et l'autre qu'ils s'entretueront du regard comme basilics.

Entrent Olivia et Viola.

FABIEN

Le voici qui vient avec votre nièce. Écartons-nous jusqu'au moment où il prendra congé et accostons-le aussitôt.

SIR TOBY

I will meditate the while upon some horrid message for
a challenge.

[*Sir Toby, Fabian and Maria go off into the garden.*

OLIVIA

I have said too much unto a heart of stone,
And laid mine honour too unchary out :
180 There's something in me that reproves my fault;
But such a headstrong potent fault it is,
That it but mocks reproof.

VIOLA

With the same 'haviour that your passion bears
Goes on my master's grief.

OLIVIA

Here, wear this jewel for me, 'tis my picture;
Refuse it not, it hath no tongue to vex you :
And I beseech you come again to-morrow.
What shall you ask of me, that I'll deny,
That honour saved may upon asking give?

VIOLA

190 Nothing but this—your true love for my master.

OLIVIA

How with mine honour may I give him that
Which I have given to you?

MESSIRE TOBIE

Je vais méditer entre-temps quelque épouvantable message en guise de cartel.

Sortent messire Tobie, Fabien et Maria.

OLIVIA

Certes, j'en ai trop dit, parlant à cœur de pierre,
J'ai trop étourdiment exposé mon honneur,
Et quelque chose en moi me reproche ma faute,
Mais c'est faute si résolue, si forcenée
Qu'elle se rit du blâme.

VIOLA

                    Ainsi votre passion,
Ainsi, pareillement, la douleur de mon maître.

OLIVIA

Tiens, porte ce bijou en souvenir de moi :
C'est mon portrait. Ne dis pas non : il est sans voix
Pour t'ennuyer. Et reviens demain, je t'en prie !
Que pourrais-tu me demander que je ne sois
Prête à t'en faire don si l'honneur reste sauf ?

VIOLA

Simplement : votre amour sincère pour mon maître.

OLIVIA

Comment lui concéder sans forfaire à l'honneur
Ce que je t'ai donné ?

VIOLA

I will acquit you.

OLIVIA

Well, come again to-morrow : fare thee well.
A fiend, like thee, might bear my soul to hell.

[she goes within; Viola walks toward the outer gate.
Sir Toby Belch and Fabian come up.

SIR TOBY

Gentleman, God save thee.

VIOLA [*turns*].

And you, sir.

SIR TOBY

That defence thou hast, betake thee to't : of what
nature the wrongs are thou hast done him, I know not;
200 but thy intercepter, full of despite, bloody as the
hunter, attends thee as the orchard-end : dismount thy
tuck, be yare in thy preparation, for thy assailant is
quick, skilful and deadly.

VIOLA

You mistake, sir. I am sure no man hath any quarrel to

VIOLA

Je vous en tiendrai quitte.

OLIVIA

Allons, reviens demain. Au revoir. Un démon
De ta sorte pourrait m'induire en perdition.

Elle sort.
Entrent messire Tobie Rotegras et Fabien.

MESSIRE TOBIE

Gentilhomme, Dieu te garde.

VIOLA *(se retournant).*

Et vous de même, monsieur.

MESSIRE TOBIE

Si tu as quelque défense, prévaux-t'en ; de quelle nature
sont les torts que tu lui as fait souffrir, je l'ignore, mais
ton adversaire plein de vindicte, avide de sang comme
un limier, t'attend à l'extrémité du jardin. Extirpe ton
estoc et te prépare en moins de deux, car ton assaillant
est prompt, adroit et mortel.

VIOLA

Vous faites erreur, monsieur. Aucun homme, j'en suis

me; my remembrance is very free and clear from any image of offence done to any man.

SIR TOBY

You'll find it otherwise, I assure you : therefore, if you hold your life at any price, betake you to your guard; for your opposite hath in him what youth, strength, skill and wrath can furnish man withal.

VIOLA

210 I pray you, sir, what is he?

SIR TOBY

He is knight, dubbed with unhatched rapier and on carpet consideration, but he is a devil in private brawl : souls and bodies hath he divorced three, and his incensement at this moment is so implacable, that satisfaction can be none but by pangs of death and sepulchre... Hob, nob, is his word; give't or take't.

VIOLA

I will return again into the house and desire some conduct of the lady. I am no fighter. I have heard of some kind of men that put quarrels purposely on 220 others, to taste their valour : belike this is a man of that quirk.

sûr, n'a de querelle avec moi. J'ai la mémoire libre et nette de toute ombre d'offense à l'égard de quiconque.

MESSIRE TOBIE

Vous constaterez qu'il en va autrement, je vous assure ; ainsi donc, si vous prisez tant soit peu votre vie, tenez-vous sur vos gardes, car votre antagoniste possède tout ce que force, adresse, jeunesse et vigueur peuvent donner à un homme.

VIOLA

De grâce, monsieur, qui est-il ?

MESSIRE TOBIE

Un chevalier qu'on adouba d'une rapière inentamée, sur un paisible tapis[83], mais, dans un différend privé, c'est un démon : il a fait divorcer trois âmes d'avec trois corps, et son courroux, à cette heure, est si implacable que seules le peuvent satisfaire les affres de la mort et du sépulcre. Tout ou rien est sa devise : massacre ou meurs.

VIOLA

Je vais rentrer dans la maison pour demander à sa maîtresse quelque escorte. Je ne suis pas un bretteur. J'ai ouï parler de certaines gens qui cherchent querelle aux autres pour tâter leur valeur. Cet homme-là est atteint de pareille manie, sans doute.

SIR TOBY

Sir, no; his indignation derives itself out of a very competent injury, therefore get you on and give him his desire. Back you shall not to the house, unless you undertake that with me which with as much safety you might answer him : therefore on, or strip your sword stark naked; for meddle you must, that's certain, or forswear to wear iron about you.

VIOLA

This is as uncivil as strange. I beseech you, do me this courteous office, as to know of the knight what my 230 offence to him is; it is something of my negligence, nothing of my purpose.

SIR TOBY

I will do so. Signior Fabian, [*he winks*] stay you by this gentleman till my return.

[*he departs by the outer door.*

VIOLA

Pray you, sir, do you know of this matter?

FABIAN

I know the knight is incensed against you, even to a mortal arbitrement, but nothing of the circumstance more.

MESSIRE TOBIE

Non, monsieur ; son indignation procède d'une offense patente ; ainsi donc, allez-y et lui donnez satisfaction. Quant à rentrer dans la maison, nenni, sauf à entreprendre avec moi ce que vous pourriez faire avec lui sans plus de risque ; par conséquent, allez, ou bien mettez flamberge au clair, car il faut en découdre, cela est sûr, à moins de renoncer à porter l'épée.

VIOLA

Voilà qui est aussi incivil qu'étrange. Faites-moi la courtoisie, je vous prie, de demander à ce chevalier en quoi je l'ai offensé : ce doit être quelque chose que j'aurai fait sans y penser, nullement à dessein.

MESSIRE TOBIE

J'y consens. Signor Fabien, restez auprès de ce gentilhomme jusqu'à mon retour.

Il sort.

VIOLA

S'il vous plaît, monsieur, avez-vous connaissance de cette affaire ?

FABIEN

Je sais que le chevalier est courroucé contre vous jusqu'à vouloir se battre à mort ; pour le reste je ne sais rien du cas.

VIOLA

I beseech you, what manner of man is he?

FABIAN

Nothing of that wonderful promise, to read him by his
form, as you are like to find him in the proof of his
240 valour. He is indeed, sir, the most skilful, bloody and
fatal opposite that you could possibly have found in any
part of Illyria... [*he takes her by the arm*] Will you walk
towards him? I will make your peace with him if I can.

VIOLA

I shall be much bound to you for't : I am one, that had
rather go with sir priest than sir knight : I care not who
knows so much of my mettle.

                              [*they leave the garden.*
      A quiet street at the back of Olivia's walled garden,
             with a gate leading thereto; trees and shrubs.
                            Sir Toby and Sir Andrew.

SIR TOBY

Why, man, he's a very devil, I have not seen such a
firago... I had a pass with him, rapier, scabbard and all,
and he gives me the stuck in with such a mortal motion
250 that it is inevitable; and on the answer, he pays you as
surely as your feet hit the ground they step on. They say
he has been fencer to the Sophy.

VIOLA

Je vous prie, quelle sorte d'homme est-ce ?

FABIEN

Il n'annonce nullement, si vous le jugez sur sa mine, les merveilleuses prouesses que vous découvrirez sans doute en éprouvant sa valeur. C'est vraiment, monsieur, le plus adroit, le plus sanguinaire, le plus fatal adversaire que vous eussiez pu trouver dans toutes les provinces de l'Illyrie. Voulez-vous que nous allions à lui ? Je veux vous réconcilier, si je le puis.

VIOLA

Je vous en serais grandement obligé. Je suis de ceux qui préfèrent la compagnie d'un clerc à celle d'un chevalier. Peu m'importe que l'on sache ce qu'il en est de ma bravoure.

'Ils sortent'[84].
Rentrent messire Tobie et messire André.

MESSIRE TOBIE

Mais, mon cher, c'est un vrai démon, je n'ai jamais vu pareil foudre de guerre[85] ! J'ai eu une passe avec lui, la rapière emmaillotée dans le fourreau, et lui de me pousser une botte avec une prestesse si mortelle qu'on ne saurait y parer. Avec cela, à la riposte, il vous touche aussi sûrement que le pied frappe le sol en marchant. On dit qu'il a été maître d'armes du Sophi.

SIR ANDREW

Pox on't, I'll not meddle with him.

SIR TOBY

Ay, but he will not now be pacified : Fabian can scarce hold him yonder.

SIR ANDREW

Plague on't, an I thought he had been valiant and so cunning in fence, I'd have seen him damned ere I'd have challenged him. Let him let the matter slip, and I'll give him my horse, grey Capilet.

SIR TOBY

260 I'll make the motion : stand here, make a good show on't—this shall end without the perdition of souls. [*aside*] Marry, I'll ride your horse as well as I ride you.

> *Fabian and Viola come from the garden; Sir Toby*
> *beckons Fabian aside.*

I have his horse to take up the quarrel; I have persuaded him the youth's a devil.

FABIAN

He is as horribly conceited of him; and pants and looks pale, as if a bear were at his heels.

MESSIRE ANDRÉ

Du diable si je veux avoir affaire à lui.

MESSIRE TOBIE

Bien sûr, mais c'est qu'il n'y a plus moyen de le calmer. Tout juste si Fabien, là-bas, parvient à le retenir.

MESSIRE ANDRÉ

Ventrebleu ! si je l'avais su aussi vaillant et aussi expert aux armes, je l'aurais envoyé au diable plutôt que de le provoquer. Qu'il laisse tomber l'affaire et je lui donne mon cheval Grisonnet.

MESSIRE TOBIE

Je vais lui faire la proposition. Tiens-toi là et fais bonne contenance : tout cela finira sans perdition d'âmes. *(A part.)* Par Marie, je monterai ton cheval comme je t'ai monté le coup.

> *Rentrent Fabien et Viola.*
> *Messire Tobie prend Fabien à part.*

J'ai son cheval pour arranger les choses. Je l'ai convaincu que le jouvenceau est un démon.

FABIEN

Lui aussi se fait de l'autre une épouvantable idée : il est blême et pantelant comme s'il avait un ours à ses trousses.

SIR TOBY [*to Viola*].

There's no remedy, sir, he will fight with you for's oath
sake : marry, he hath better bethought him of his
quarrel, and he finds that now scarce to be worth
270 talking of : therefore draw for the supportance of his
vow, he protests he will not hurt you.

VIOLA

Pray God defend me! A little thing would make me tell
them how much I lack of a man.

FABIAN

Give ground, if you see him furious.

SIR TOBY

Come, Sir Andrew, there's no remedy, the gentleman
will for his honour's sake have one bout with you : he
cannot by the duello avoid it : but he has promised me,
as he is a gentleman and a soldier, he will not hurt you.
Come on, to't!

SIR ANDREW

280 Pray God, he keep his oath!

VIOLA

I do assure you, 'tis against my will.

MESSIRE TOBIE, *à Viola.*

Point de remède, monsieur : il est résolu à se battre
avec vous pour satisfaire à son serment. Mais, ma foi, il
a examiné son grief de plus près et il reconnaît que ce
n'est presque plus la peine d'en parler. Ainsi donc,
dégainez pour lui permettre de tenir sa parole : il
proteste qu'il ne vous fera pas de mal.

VIOLA

Dieu me protège ! Peu s'en faut que je leur dise ce qui
me manque pour être un homme.

FABIEN

Rompez, si vous le voyez en furie.

MESSIRE TOBIE

Allons, messire André, point de remède : ce gentilhomme veut avoir une passe d'armes avec vous par
égard pour son honneur. Il ne saurait s'en dispenser
selon l'étiquette du duel, mais il m'a donné sa parole de
gentilhomme et de soldat qu'il ne vous ferait pas de
mal. Allons, en garde !

MESSIRE ANDRÉ

Dieu veuille qu'il tienne parole !

VIOLA

C'est contre mon gré, je vous assure.

They make ready to fight; Antonio comes up.

ANTONIO [*to Sir Andrew*].

Put up your sword : if this young gentleman
Have done offence, I take the fault on me;
If you offend him, I for him defy you.

SIR TOBY

You, sir! why, what are your?

ANTONIO

One, sir, that for his love dares yet do more
Than you have heard him brag to you he will.

SIR TOBY

Nay, if you be an undertaker, I am for you.

[*they draw.
Two officers approach.*

FABIAN

O good Sir Toby, hold; here come the officers.

SIR TOBY [*to Antonio*].

290 I'll be with you anon.

Ils se préparent à combattre. Entre Antonio.

ANTONIO, *à messire André.*

Rengainez votre épée! Ce jeune gentilhomme
Vous a-t-il offensé, je prends sur moi la faute.
Si c'est vous l'offenseur, je vous défie pour lui.

MESSIRE TOBIE

Vous, monsieur? Mais qui êtes-vous?

ANTONIO

Quelqu'un qui, pour l'amour de lui, osera plus,
Monsieur, qu'il n'a pu se vanter d'en accomplir.

MESSIRE TOBIE

Eh bien, si vous endossez les querelles d'autrui, je suis
votre homme.

Ils dégainent. Entrent deux officier de justice.

FABIEN

O cher messire Tobie, arrêtez! Voici les gendarmes.

MESSIRE TOBIE, *à Antonio.*

Je suis à vous tout à l'heure.

[he hides from the officers behind a tree.

VIOLA *[to Sir Andrew]*.

Pray, sir, put your sword up, if you please.

SIR ANDREW

Marry, will I, sir; and, for that I promised you, I'll be
as good as my word. *[he sheathes his sword]* He will bear
you easily, and reins well.

1 OFFICER

This is the man, do thy office.

2 OFFICER

Antonio, I arrest thee at the suit
Of Count Orsino.

ANTONIO

You do mistake me, sir.

1 OFFICER

No, sir, no jot; I know your favour well :
Though now you have no sea-cap on your head...
300 Take him away, he knows I know him well.

Il va se cacher.

VIOLA, *à messire André.*

Je vous en prie, monsieur, rengainez votre épée, s'il
vous plaît.

MESSIRE ANDRÉ

Ma foi, monsieur, bien volontiers ; et pour ce qui est de
ma promesse, je serai homme de parole. Il vous portera
d'un train aisé et il répond bien aux rênes.

1ᵉʳ OFFICIER

C'est notre homme : fais ton devoir.

2ᵉ OFFICIER

                              Antonio,
Je vous arrête, sur la requête du duc.

ANTONIO

Vous vous trompez, monsieur.

1ᵉʳ OFFICIER

                    Non, monsieur, point du tout :
Je connais bien votre visage, nonobstant
Que vous ne portiez plus votre bonnet marin.
Emmenez-le : il sait que je le connais bien.

ANTONIO

I must obey. [*to Viola*] This comes with seeking you;
But there's no remedy, I shall answer it...
What will you do, now my necessity
Makes me to ask you for my purse? it grieves me
Much more for what I cannot do for you
Than what befalls myself. You stand amazed,
But be of comfort.

2 OFFICER

Come, sir, away.

ANTONIO

I must entreat of you some of that money.

VIOLA

310 What money, sir?
For the fair kindness you have showed me here,
And part being prompted by your present trouble,
Out of my lean and low ability
I'll lend you something... [*opens her purse*]
My having is not much,
I'll make division of my present with you :
Hold, there's half my coffer.

[*she proffers coin.*

ANTONIO [*refuses it*].

Will you deny me now?
Is't possible that my deserts to you

ANTONIO

Je ne puis qu'obéir. *(A Viola.)* Voilà ce qu'il en est
Pour vous avoir suivi. Allons, c'est sans remède,
Il faut payer décidément. Qu'allez-vous faire
Maintenant que mon infortune me contraint
A vous redemander ma bourse ? Il m'est amer
De ne plus rien pouvoir pour vous, bien plus amer
Que d'endurer mon sort. Vous restez interdit :
Il faut prendre courage.

2ᵉ OFFICIER

Allons, monsieur, venez.

ANTONIO

Je dois vous réclamer une part de l'argent.

VIOLA

De quel argent, monsieur ? Pour la grande bonté
Dont vous avez fait preuve ici à mon endroit
Et par égard pour l'infortune où je vous vois,
Sur mes ressources fort modiques je vous veux
Avancer quelque chose. Mon avoir est maigre ;
Nous le partagerons. Prenez : c'est la moitié
De mon bien.

ANTONIO

M'allez-vous renier maintenant ?
Pourriez-vous méconnaître ainsi mes bons offices ?

Can lack persuasion? Do not tempt my misery,
320 Lest that it make me so unsound a man
As to upbraid you with those kindnesses
That I have done for you.

VIOLA

                    I know of none,
Nor know I you by voice or any feature :
I hate ingratitude more in a man,
Than lying vainness, babbling drunkenness,
Or any taint of vice whose strong corruption
Inhabits our frail blood.

ANTONIO

                    O heavens themselves!

2 OFFICER

Come, sir, I pray you, go.

ANTONIO

                    Let me speak a little.
This youth that you see here
330 I snatched one half out of the jaws of death,
Relieved him with such sanctity of love,
And to his image, which methought did promise
Most venerable worth, did I devotion.

1 OFFICER

What's that to us? The time goes by : away!

Ne tentez pas ma détresse jusqu'à me rendre
Assez impie de cœur pour vous faire reproche
De mes bontés pour vous.

VIOLA

                    Mais je n'en sais aucune,
Comme je ne connais votre voix ni vos traits!
Je déteste l'ingratitude chez un homme
Plus que la vanité menteuse ou la bavarde
Ivrognerie ou tout vice pernicieux
Qui corrompt notre sang fragile.

ANTONIO

                        O firmament!

2ᵉ OFFICIER

Allons, monsieur, venez.

ANTONIO

                    Laissez-moi dire un mot.
Vous voyez ce jeune homme-là? Je l'ai sauvé
Comme la mort sur lui refermait ses mâchoires,
Puis je l'ai secouru, oh! de quelle ardeur sainte!
Et j'ai rendu à son image, y pensant voir
Les marques d'un mérite insigne, un dévot culte.

2ᵉ OFFICIER

Que nous importe? Le temps passe : allons-nous-en!

ANTONIO

But, O, how vile an idol proves this god!
Thou hast, Sebastian, done good feature shame.
In nature there's no blemish but the mind;
None can be called deformed but the unkind :
Virtue is beauty, but the beauteous evil
340 Are empty trunks o'erflourished by the devil.

1 OFFICER

The man grows mad, away with him!
Come, come, sir.

ANTONIO

Lead me on.

                              [*they carry him off.*

VIOLA

Methinks his words do from such passion fly,
That he believes himself—so do not I?
Prove trude, imagination, O prove true,
That I, dear brother, be now ta'en for you!

SIR TOBY [*peeps from behind the tree*].

Come hither, knight—come hither, Fabian; we'll whisper
o'er a couplet or two of most sage saws.

ANTONIO

En quelle vile idole, hélas, ce dieu se change !
Tu déshonores, Sébastien, de nobles traits.
Point de laideur dans la nature, hormis de l'âme,
Point de difformité sinon chez le méchant.
La vertu est beauté, mais le mal au beau masque ?
Un coffre vide enjolivé par le démon !

1er OFFICIER

Cet homme perd la tête. Emmenons-le. Allons,
Allons, monsieur.

ANTONIO

Emmenez-moi.

Il sort avec les officiers de justice.

VIOLA

Ses mots semblent jaillis de tant de passion
Qu'il ne saurait laisser d'y croire… et que moi-même…
Sois vraie, oh ! oui, sois vraie, mon imagination :
Puisse-t-on nous confondre à cette heure, cher frère !

MESSIRE TOBIE

Approche, chevalier ; approche, Fabien. Nous allons
marmonner un distique ou deux[86] de très savantes
maximes.

VIOLA

350 He named Sebastian; I my brother know
Yet living in my glass; even such and so
In favour was my brother, and he went
Still in this fashion, colour, ornament,
For him I imitate : O, if it prove,
Tempests are kind and salt waves fresh in love!

[*she goes.*

SIR TOBY

A very dishonest paltry boy, and more a coward than a
hare. His dishonesty appears in leaving his friend here
in necessity and denying him; and for his cowardship,
ask Fabian.

FABIAN

360 A coward, a most devout coward, religious in it.

SIR ANDREW

'Slid, I'll after him again and beat him.

SIR TOBY

Do, cuff him soundly, but never draw thy sword.

SIR ANDREW

An I do not,—

[*he draws his sword and hurries after Viola.*

VIOLA

Il m'a nommé Sébastien; mon frère vit
Dans mon propre miroir; il avait trait pour trait
Mon visage; il allait pareillement vêtu :
Façon, couleur, parure, en tout je lui ressemble.
O s'il en est ainsi, les tempêtes sont bonnes
Et les vagues salées, tout amour et douceur!

Elle sort.

MESSIRE TOBIE

Voilà un déloyal, un triste freluquet, plus couard qu'un
lièvre! Sa déloyauté, il l'a montrée en laissant son ami
dans le besoin et en le reniant. Quant à sa couardise,
demandez à Fabien.

FABIEN

Un couard, un vrai dévot de couardise : il en fait sa
religion.

MESSIRE ANDRÉ

Jour de Dieu, je vais le rattraper et le rosser!

MESSIRE TOBIE

Va, étrille-le proprement, mais ne tire pas l'épée.

MESSIRE ANDRÉ

Si je ne le fais pas...

Il sort, brandissant son épée.

FABIAN

Come, let's see the event.

SIR TOBY

I dare lay any money, 'twill be nothing yet.

[*they follow Sir Andrew.*

FABIEN

Allons voir comment tournent les choses.

MESSIRE TOBIE

Je gagerais n'importe quoi qu'elles vont tourner court une fois de plus.

Ils sortent.

ACTE IV

[IV, 1.]

A square before Olivia's house

SEBASTIAN and CLOWN

CLOWN

Will you make me believe that I am not sent for you?

SEBASTIAN

Go to, go to, thou art a foolish fellow;
Let me be clear of thee.

CLOWN

Well held out, i'faith! No, I do not know you, nor I am
not sent to you by my lady to bid you come speak with
her, nor your name is not Master Cesario, nor this is not
my nose neither : nothing that is so, is so.

SCÈNE PREMIÈRE

Devant la maison d'Olivia

SÉBASTIEN *et* LE FOU.

LE FOU

Prétendez-vous me faire accroire qu'on ne m'a pas envoyé vous chercher?

SÉBASTIEN

Allons, allons, tu n'es qu'un sot :
Délivre-moi de ta présence.

LE FOU

Le rôle est bien soutenu, ma parole! Non, je ne vous connais pas; non, ma maîtresse ne m'envoie pas vers vous pour vous demander de venir lui parler; non, votre nom n'est pas maître Césario; non, ceci n'est pas mon nez : rien de ce qui est ainsi n'est ainsi.

SEBASTIAN

I prithee, vent thy folly somewhere else,
Thou know'st not me.

CLOWN

10 Vent my folly! He has heard that word of some great
man and now applies it to a fool. Vent my folly! I am
afraid this great lubber, the world, will prove a cock-
ney... I prithee now, ungird thy strangeness and tell me
what I shall vent to my lady : [*whispers, winking*] shall I
vent to her that thou art coming?

SEBASTIAN

I prithee, foolish Greek, depart from me.
There's money for thee [*he gives a coin*]—if you tarry
longer] I shall give worse payment.

CLOWN

By my troth, thou hast an open hand... These wise men
20 that give fools money get themselves a good report—
after fourteen years' purchase.

*Sir Andrew with drawn sword enters the square, Sir
Toby and Fabian following.*

SIR ANDREW

Now, sir, have I met you again? there's for you.

[*he strikes wide.*

SÉBASTIEN

Va-t'en te délester ailleurs de ta folie;
Tu ne me connais point.

LE FOU

Me délester de ma folie! Il a entendu quelque grand
personnage dire cela, et maintenant il l'applique à un
fou. Me délester de ma folie! Je crains que notre grand
lourdaud de monde ne soit en passe de se faire petit-
maître. Je t'en prie, délace ta réserve et dis-moi de quel
message je dois me délester auprès de ma maîtresse. Me
délesterai-je de l'annonce que tu viens?

SÉBASTIEN

De grâce, méchant plaisantin, laisse-moi seul.
Tiens, voici de l'argent pour toi. Si tu traînasses,
Je te paierai de monnaie pire.

LE FOU

Ma parole, tu as la main libérale. Les sages qui donnent
de l'argent aux fous s'acquièrent bonne renommée...
après cent dix ans de bail[87].

Entre messire André, l'épée nue,
suivi de messire Tobie et de Fabien.

MESSIRE ANDRÉ

Ah! monsieur, vous ai-je retrouvé? Voilà pour vous.

Il essaye maladroitement de le frapper.

SEBASTIAN [*replies with his fists*].

Why, there's for thee, and there, and there!

                               [*he knocks him down.*

Are all the people mad?

                               [*his hand upon his dagger.*

SIR TOBY [*seizes him from behind*].

Hold, sir, or I'll throw your dagger o'er the house.

CLOWN

This will I tell my lady straight : I would not be in some
of your coats for two pence.

                               [*he goes within.*

SIR TOBY

Come on, sir! hold!

                               [*Sebastian struggles.*

SIR ANDREW [*rubbing his bruises*].

Nay, let him alone, I'll go another way to work with
30 him : I'll have an action of battery against him, if there
be any law in Illyria : though I struck him first, yet it's
no matter for that.

SÉBASTIEN, *répondant des poings.*

Eh bien, voilà pour toi. Prends ça! Et ça encore!
Tout le monde est-il fou?

Il porte la main à sa dague.

MESSIRE TOBIE, *lui saisissant le bras par-derrière.*

Arrêtez, monsieur! ou je jette votre dague par-dessus la
maison.

LE FOU

Je m'en vais de ce pas conter ça à madame. Je ne
voudrais pas être dans vos culottes pour deux sols.

Il sort.

MESSIRE TOBIE

Allons, monsieur, restez tranquille!

MESSIRE ANDRÉ

Non, laissez-le faire, je m'y prendrai autrement avec
lui : je lui intenterai une action pour coups et blessures
s'il y a une justice en Illyrie. C'est moi qui ai tapé le
premier, mais n'importe.

SEBASTIAN

Let go thy hand!

SIR TOBY

Come, sir, I will not let you go. [*to Sir Andrew*] Come,
my young soldier, put up your iron : you are well
fleshed... [*to Sebastian*] Come on.

SEBASTIAN

I will be free from thee... [*he throws him off*] What
wouldst thou now?

[*he draws.*
If thou dar'st tempt me further, draw thy sword.

SIR TOBY

40 What, what? [*he also draws*] Nay, then I must have an
ounce or two of this malapert blood from you.

[*they begin to fight.*
Olivia comes from the house.

OLIVIA

Hold, Toby! on thy life, I charge thee, hold!

SIR TOBY

Madam!

[*they break off.*

SÉBASTIEN

Lâchez-moi!

MESSIRE TOBIE

Non, monsieur, je ne vous lâcherai pas (*à messire André*).
Rengainez votre lame, mon jeune brave : elle est assez dépucelée comme ça. (*A Sébastien.*) Allons!

SÉBASTIEN, *se dégageant, puis dégainant.*

Je me libérerai!... Que veux-tu, maintenant?
Me provoquer encor? Si tu l'oses, dégaine!

MESSIRE TOBIE, *dégainant aussi.*

Quoi! Quoi! Si c'est comme ça, il faut que je vous tire une once ou deux de ce sang malappris.

Ils se battent.
Entre Olivia.

OLIVIA

Tobie, arrête! Arrête, dis-je, sur ta vie!

MESSIRE TOBIE

Madame!

Les combattants s'arrêtent.

OLIVIA

Will it be ever thus? Ungracious wretch,
Fit for the mountains and the barbarous caves,
Where manners ne'er were preached! out of my sight!
Be not offended, dear Cesario...
Rudesby, be gone!

     [*Sir Toby, Sir Andrew and Fabian slink off.*
         I prithee, gentle friend,
Let thy fair wisdom, not thy passion, sway
50 In this uncivil and unjust extent
Against thy peace. Go with me to my house,
And hear thou there how many fruitless pranks
This ruffian hath botched up that thou thereby
Mayst smile at this... [*he draws back*]
            Thou shalt not choose but go;
Do not deny. Beshrew his soul for me,
He started one poor heart of mine in thee.

SEBASTIAN

What relish is in this? how runs the stream?
Or I am mad, or else this is a dream:
Let fancy still my sense in Lethe steep—
60 If it be thus to dream, still let me sleep!

OLIVIA

Nay, come, I prithee: would thou'dst be ruled by me!

SEBASTIAN

Madam, I will.

OLIVIA

En sera-t-il toujours ainsi? Être brutal,
Fait pour les monts déserts et les grottes barbares
Où jamais courtoisie ne fut prêchée! Dehors! —
Ne sois pas offensé, mon cher Césario —
Au large, malotru!

Messire Tobie, messire André et Fabien s'esquivent.
                        De grâce, doux ami,
Que ta noble sagesse et non point ta colère
Te guide en cette attaque injuste et déshonnête
Contre ta paix. Viens avec moi dans ma maison,
Que je te dise à combien de frasques ineptes
S'est livré ce ruffian : alors tu souriras
De celle-ci, sans plus...
        (*Sébastien recule.*) Ah! mais il faut venir,
Tu ne saurais me dire non. Maudit soit-il
D'avoir effarouché en toi mon pauvre cœur[88]!

SÉBASTIEN

Que signifie...? Où le courant m'entraîne-t-il?
Ou bien je rêve, ou bien je suis dans le délire.
Illusion, dans ton Léthé maintiens mes sens,
Car pour rêver ainsi, je veux toujours dormir!

OLIVIA

Viens, je t'en prie. Quand donc vas-tu t'abandonner?

SÉBASTIEN

Certes, madame.

OLIVIA

O, say so, and so be!

[*they go in.*

[IV, 2.]

*A ROOM IN OLIVIA'S HOUSE; AT THE BACK A CLOSET
WITH A CURTAIN BEFORE IT*

CLOWN *and* MARIA, *holding a black gown and a false
beard in her hand.*

MARIA

Nay, I prithee, put on this gown and this beard, make
him believe thou art Sir Topas the curate, do it quickly.
I'll call Sir Toby the whilst.

[*she goes out.*

CLOWN

Well, I'll put it on, and I will dissemble myself in't, and
I would I were the first that ever dissembled in such a
gown. [*he dons the gown and the beard*] I am not tall
enough to become the function well, nor lean enough to
be thought a good student : but to be said an honest
man and a good housekeeper goes as fairly as to say a
10 careful man and a great scholar. The competitors enter.

Maria returns with Sir Toby.

OLIVIA

O parle ainsi et fais ainsi!

Ils sortent.

SCÈNE II

*UNE SALLE CHEZ OLIVIA AVEC, AU FOND,
UN CABINET VOILÉ D'UN RIDEAU.*

LE FOU *et* MARIA.

MARIA

Mets, je t'en prie, cette robe et cette barbe pour lui faire accroire que tu es messire Topaze, le curé. Vite. J'appellerai messire Tobie pendant ce temps-là.

Elle sort.

LE FOU

Bon, je vais mettre ceci et me déguiser là-dedans, en espérant être le premier qui ait jamais rien déguisé en pareille robe. (*Il met robe et barbe.*) Je ne suis pas assez imposant pour bien répondre à la fonction, ni maigre assez pour avoir l'air d'un docte personnage; mais autant vaut passer pour un honnête homme et un bon maître d'hôte que pour un homme rongé de veilles et un grand clerc. Voilà les conjurés.

Rentre Maria avec messire Tobie.

SIR TOBY

Jove bless thee, Master Parson!

CLOWN [*in feigned voice*]

Bonos dies, Sir Toby : for as the old hermit of Prague,
that never saw pen and ink, very wittily said to a niece
of King Gorboduc, 'That that is, is' : so, I being Master
Parson, am Master Parson; for what is 'that' but that?
and 'is' but is?

SIR TOBY

To him, sir Topas.

CLOWN [*draws near the curtain*].

What, ho, I say! peace in this prison!

SIR TOBY

The knave counterfeits well; a good knave.

MALVOLIO [*from the closet*].

20 Who calls there?

MESSIRE TOBIE

Jupiter vous bénisse, monsieur le Curé !

LE FOU, *déguisant sa voix.*

Bonos dies, messire Tobie ; car, tout comme le vieil ermite de Prague, qui n'avait jamais vu encore ni plume, le disait fort subtilement à une nièce du roi Gorboduc[89], « Ce qui est, est. » Ainsi moi, étant Monsieur le Curé, je suis Monsieur le Curé. En effet, qu'est-ce que « cela » sinon cela ? Qu'est-ce qu'« être » sinon être ?

MESSIRE TOBIE

Allons à lui, messire Topaze.

LE FOU, *s'approchant du rideau.*

Ho ! Hola, dis-je ! La paix en cette prison !

MESSIRE TOBIE

Le drôle contrefait bien ; c'est un fier drôle, ma foi.

MALVOLIO, *de derrière le rideau.*

Qui appelle ?

CLOWN

Sir Topas the curate, who comes to visit Malvolio the lunatic.

MALVOLIO

Sir Topas, Sir Topas, good Sir Topas, go to my lady.

CLOWN

Out hyperbolical fiend! how vexest thou this man? talkest thou nothing but of ladies?

SIR TOBY

Well said, Master Parson.

MALVOLIO

Sir Topas, never was man thus wronged—good Sir Topas, do not think I am mad; they have laid me here in hideous darkness.

CLOWN

30 Fie, thou dishonest Satan! I call thee by the most modest terms, for I am one of those gentle ones that will use the devil himself with courtes : say'st thou that house is dark?

LE FOU

Messire Topaze le Curé, qui vient rendre visite à Malvolio le lunatique.

MALVOLIO

Messire Topaze, messire Topaze, bon messire Topaze, allez trouver madame !

LE FOU

Au large, hyperbolique démon ! Comment peux-tu tourmenter cet homme de la sorte ? Ne sais-tu parler que de dames ?

MESSIRE TOBIE

Bien dit, Monsieur le Curé.

MALVOLIO

Messire Topaze, jamais homme ne fut plus maltraité... bon messire Topaze, ne croyez pas que je sois fou : on m'a plongé ici en de hideuses ténèbres.

LE FOU

Fi, perfide Satan ! Je t'interpelle dans les termes les plus modérés, car je suis de ces esprits bénins qui traitent le diable lui-même avec courtoisie. Tu dis que cette maison est ténébreuse ?

MALVOLIO

As hell, Sir Topas.

CLOWN

Why, it hath bay windows transparent as barricadoes,
and the clerestories toward the south-north are as
lustrous as ebony; and yet complainest thou of obstruction?

MALVOLIO

I am not mad, Sir Topas. I say to you, this house is
dark.

CLOWN

Madman, thou errest : I say, there is no darkness but
ignorance, in which thou art more puzzled than the
40 Egyptians in their fog.

MALVOLIO

I say, this house is as dark as ignorance, though
ignorance were as dark as hell; and I say, there was
never man thus abused. I am no more mad than you
are—make the trial of it in any constant question.

CLOWN

What is the opinion of Pythagoras concerning wild
fowl?

MALVOLIO

Comme l'enfer, messire Topaze.

LE FOU

Comment! mais elle a des baies transparentes comme
des barricades, et des claires-voies au sud-nord aussi
lumineuses que l'ébène; et pourtant tu te plains d'en
avoir la vue bouchée?

MALVOLIO

Je ne suis pas fou, messire Topaze. Cette cellule est
noire, je vous assure.

LE FOU

Dément, tu erres. Je déclare qu'il n'est d'autres
ténèbres que l'ignorance, dont tu es plus emberlificoté
que l'Égyptien de son brouillard.

MALVOLIO

Je vous dis que cette cellule est aussi noire que l'ignorance, quand bien même l'ignorance serait aussi noire
que l'enfer; et je dis aussi que jamais homme ne fut plus
maltraité. Je ne suis pas plus fou que vous-même...
éprouvez-moi par des questions en due forme.

LE FOU

Quelle est l'opinion de Pythagore touchant les oiseaux
sauvages?

MALVOLIO

That the soul of our grandam might haply inhabit a
bird.

CLOWN

What think'st thou of his opinion?

MALVOLIO

I think nobly of the soul, and no way approve his
opinion.

CLOWN

Fare thee well : remain thou still in darkness. Thou
50 shalt hold th'opinion of Pythagoras ere I will allow of
thy wits, and fear to kill a woodcock, lest thou dispos-
sess the soul of thy grandam. Fare thee well.

[he turns back from before the curtain.

MALVOLIO [*calls*].

Sir Topas, Sir Topas!

SIR TOBY

My most exquisite Sir Topas!

CLOWN

Nay, I am for all waters.

[he puts off the disguise.

MALVOLIO

Que l'âme de notre grand-mère peut d'aventure habiter un oiseau.

LE FOU

Que penses-tu de son opinion ?

MALVOLIO

Je me fais de l'âme une noble idée et n'approuve aucunement son opinion.

LE FOU

Adieu. Reste dans les ténèbres. Tu devras partager l'opinion de Pythagore avant que je ne t'accorde de la raison, et redouter d'occire une bécasse, crainte de déposséder l'âme de ta grand-mère. Adieu.

MALVOLIO

Messire Topaze, messire Topaze !

MESSIRE TOBIE

Ah ! l'excellent messire Topaze !

LE FOU

Ma foi, je nage dans toutes les eaux.

Il rejette son déguisement.

MARIA

Thou mightst have done this without thy beard and grown, he sees thee not.

SIR TOBY

To him in thine own voice, and bring me word how thou find'st him... [*to Maria*] I would we were well rid
60 of this knavery. If he may be conveniently delivered, I would he were, for I am now so far in offense with my niece, that I cannot pursue with any safety this sport to the upshot. Come by and by to my chamber.

[*Sir Toby and Maria go out by different doors.*

CLOWN [*sings*].

'Hey Robin, jolly Robin,
Tell me how they lady does.'

MALVOLIO

Fool,—

CLOWN [*sings*].

'My lady is unkind, perdy.'

MARIA

Tu aurais pu t'en tirer sans barbe ni robe : il ne te voit pas.

MESSIRE TOBIE

Adresse-toi à lui avec ta propre voix, et reviens me dire comment tu le trouves. *(A Maria.)* Je voudrais en avoir fini avec cette farce. Si on peut le délivrer sans inconvénient, j'aimerais bien qu'on le fît, car j'ai déjà tant offensé ma nièce qu'il ne serait pas prudent de pousser cette bouffonnerie jusqu'au bout. Viens-t'en tout à l'heure dans ma chambre.

Messire Tobie et Maria sortent séparément.

LE FOU, *chantant.*

« Ohé, Robin, gentil Robin
Dis-moi, qu'en est-il de ta belle[90] ? »

MALVOLIO

Fou !

LE FOU, *chantant.*

« Ma belle, pardi, m'est cruelle. »

MALVOLIO

Fool,—

CLOWN [*sings*].

'Alas, why is she go?'

MALVOLIO

70 Fool, I say,—

CLOWN [*sings*].

'She loves another'—Who calls, ha?

MALVOLIO

Good fool, as ever thou wilt deserve well at my hand,
help me to a candle, and pen, ink and paper; as I am a
gentleman, I will live to be thankful to thee for't.

CLOWN

Master Malvolio!

MALVOLIO

Ay, good fool.

MALVOLIO

Fou!

LE FOU, *chantant.*

« Hélas, pourquoi, Robin, pourquoi ? »

MALVOLIO

Fou, dis-je !

LE FOU, *chantant.*

« Elle aime ailleurs, pauvre de moi ! »
Qui m'appelle, hé ?

MALVOLIO

Bon fou, si jamais tu veux bien mériter de moi, procure-moi une chandelle, une plume, de l'encre et du
papier ; aussi vrai que je suis gentilhomme, je t'en
saurai gré toute ma vie.

LE FOU

Maître Malvolio !

MALVOLIO

Oui, bon fou.

CLOWN

Alas, sir, how fell you besides your five wits?

MALVOLIO

Fool, there was never man so notoriously abused : I am
as well in my wits, fool, as thou art.

CLOWN

80 But as well? then you are mad indeed, if you be not
better in your wits than a fool.

MALVOLIO

They have here propertied me; keep me in darkness,
send ministers to me, asses, and do all they can to face
me out of my wits.

CLOWN

Advise you what you say; the minister is here... [*he
changes his voice*] Malvolio, Malvolio, thy wits the
heavens restore! endeavour thyself to sleep, and leave
thy vain bibble babble.

MALVOLIO

Sir Topas, —

LE FOU

Hélas, monsieur, comment avez-vous perdu vos cinq esprits[91] ?

MALVOLIO

Fou, jamais homme ne fut plus insignement maltraité que moi. Je suis tout autant que toi en possession de mes esprits, fou.

LE FOU

Tout autant, sans plus ? Il faut que vous soyez bel et bien fou pour n'être pas mieux en possession de vos esprits qu'un fou.

MALVOLIO

Ils m'ont mis en souffrance ici ; ils me laissent dans le noir, ils m'envoient des curés — des ânes ! — et me font toutes les avanies qu'ils peuvent pour me faire perdre la raison.

LE FOU

Surveillez vos paroles : le curé est là. *(Changeant de voix.)* Malvolio, Malvolio, le Ciel te rende la raison ! Efforce-toi de dormir et laisse-là ton vain babil.

MALVOLIO

Messire Topaze...

CLOWN

Maintain no words with him, good fellow.— Who, I,
90 sir? not I, sir. God buy you, good Sir Topas.— Marry,
amen.— I will, sir, I will.

MALVOLIO

Fool, fool, fool, I say,—

CLOWN

Alas, sir, be patient. What say you, sir? I am shent for
speaking to you.

MALVOLIO

Good fool, help me to some light and some paper. I tell
thee, I am as well in my wits, as any man in Illyria.

CLOWN

Well-a-day that you were, sir!

MALVOLIO

By this hand, I am... Good fool, some ink, paper and
light : and convey what I will set down to my lady; it
100 shall advantage thee more than ever the bearing of letter
did.

LE FOU

Ne raisonne pas avec lui, mon brave. — Qui ? Moi,
monsieur ? Non, monsieur. Dieu vous garde, bon messire Topaze. — Eh ! bien, amen ! — Que oui, monsieur,
que oui.

MALVOLIO

Fou ! Fou ! Fou, dis-je !

LE FOU

Ah ! monsieur, prenez patience. Que dites-vous, monsieur ? Je me suis fait tancer pour vous avoir parlé.

MALVOLIO

Bon fou, procure-moi de la lumière et du papier. Je
t'assure que je suis aussi sain d'esprit que quiconque en
Illyrie.

LE FOU

Hélas, monsieur, que ne l'êtes-vous !

MALVOLIO

Par cette main, je le suis. Bon fou, de l'encre, du papier
et de la lumière ; et transmets pour moi à madame ce
que je vais écrire. Jamais porter une lettre ne t'aura valu
autant.

CLOWN

I will help you to't. But tell me true, are you not mad
indeed? or do you but counterfeit?

MALVOLIO

Believe me I am not—I tell thee true.

CLOWN

Nay, I'll ne'er believe a madman till I see his brains. I
will fetch you light and paper and ink.

MALVOLIO

Fool, I'll requite it in the highest degree: I prithee, be
gone.

CLOWN [*sings as he dances from the room*].

I am gone, sir, and anon, sir,
I'll be with you again:
    In a trice, like to the old Vice,
Your need to sustain.
Who with dagger of lath,
In his rage and his wrath,
    Cries ah ha, to the devil:
Like a mad lad,
Pare thy nails dad,
    Adieu goodman devil.

[*he goes.*

LE FOU

Je vais vous aider. Mais dites-moi sincèrement, êtes-vous fou pour de bon, ou si vous faites semblant de l'être?

MALVOLIO

Crois-m'en, je ne le suis pas; je te dis la vérité.

LE FOU

Je ne croirai jamais un fou que je n'aie vu sa cervelle. Je vais vous chercher de la lumière, du papier et de l'encre.

MALVOLIO

Fou, je te récompenserai au plus haut degré. Va, je t'en prie.

LE FOU, *chantant.*

J'y vais, monsieur, j'y vais, monsieur
Et je reviens en moins de deux,
Ayant arrangé votre affaire
Tel l'ancien Vice[92] des mystères :
Celui qui crie ha, ha, ha, ha
Et brandit son sabre de bois
Contre le Diable, qu'il assomme.
Ronge tes ongles, mon bonhomme,
Oui, ronge-les comme un dément
Ou comme un diable, en m'attendant.

Il sort.

[IV, 3.]

OLIVIA'S GARDEN

SEBASTIAN comes from the house

SEBASTIAN

This is the air, that is the glorious sun,
This pearl she gave me, I do feel't and see't,
And though 'tis wonder that enwraps me thus,
Yet 'tis not madness. Where's Antonio then?
I could not find him at the Elephant,
Yet there he was, and there I found this credit,
That he did range the town to seek me out.
His counsel now might to me golden service,
For though my soul disputes well with my sense,
10 That this may be some error, but no madness,
Yet doth this accident and flood of fortune
So far exceed all instance, all discourse,
That I am ready to distrust mine eyes
And wrangle with my reason, that persuades me
To any other trust but that I am mad,
Or else the lady's mad; yet, if'twere so,
She could not sway her house, command her followers,
Take and give back affairs and their dispatch,
With such a smooth, discreet, and stable bearing
20 As I perceive she does: there's something in't
That is deceivable. But here the lady comes.

Olivia comes forth with a priest.

SCÈNE III

LE JARDIN D'OLIVIA

Entre SÉBASTIEN.

SÉBASTIEN

Voici l'air libre et le soleil éblouissant ;
Je vois, je sens cette perle que je tiens d'elle
Et si je suis en proie à l'émerveillement,
Ce n'est point là démence. Où est Antonio ?
Je l'ai manqué au rendez-vous de l'Éléphant,
Où cependant il fut, où l'on m'a fait connaître
Que lui-même courait la ville à ma recherche.
Ses conseils pourraient être d'or en l'occurrence :
Certes mon jugement s'accorde avec mes sens
Pour conclure à méprise et non point à folie,
Mais ce brusque raz de marée de la fortune
Est tellement inexplicable et sans exemple
Que je suis prêt, mes yeux, à ne point vous en croire
Non plus que toi, raison, qui me voudrais convaincre
Que ni moi-même ni ma dame ne sont fous.
Folle, il est vrai, l'étant, comme donc pourrait-elle
Gouverner sa maison, commander à ses gens
Et de sa propre main dépêcher ses affaires
Avec cette assurance et ce calme serein
Que je lui vois ? Il y a là quelque mystère.
Mais la voici.

Entre Olivia avec un prêtre.

OLIVIA

Blame not this haste of mine... If you mean well,
Now go with me and with this holy man
Into the chantry by : there, before him,
And underneath that consecrated roof,
Plight me the full assurance of your faith,
That my moste jealous and too doubtful soul
May live at peace. He shall conceal it,
Whiles you are willing it shall comme to note,
30 What time we will our celebration keep
According to my birth. What do you say?

SEBASTIAN

I'll follow this good man and go with you,
And having sworn truth, ever will be true.

OLIVIA

Then lead the way, good father, and heavens so shine,
That they may fairly note this act of mine!

[*they go.*

OLIVIA

Ne blâmez pas ma hâte... Si vos intentions
Sont droites, venez avec moi et ce saint homme
A la chapelle toute proche, et devant lui,
Sous ce toit consacré, m'engagez votre foi
En toute plénitude et sûreté, afin
Que vive en paix mon âme anxieuse et jalouse.
Il tiendra la chose secrète, jusqu'à l'heure
Où vous jugerez bon qu'elle soit divulguée
Et nous célébrerons alors notre union
Comme il convient à ma naissance. Répondez...

SÉBASTIEN

Je suivrai ce prêtre avec vous et je veux être,
Vous ayant engagé ma foi, toujours fidèle.

OLIVIA

Montrez-nous le chemin, bon père, et que les cieux
Couronnent notre hymen d'un éclat radieux.

ACTE V

[V, 1.]

The square before Olivia's house

CLOWN *and* FABIAN.

FABIAN

Now, as thou lov'st me, let me see his letter.

CLOWN

Good Master Fabian, grant me another request.

FABIAN

Any thing.

CLOWN

Do not desire to see this letter.

SCÈNE PREMIÈRE

Devant la maison d'Olivia

LE FOU, FABIEN.

FABIEN

Maintenant, si tu m'aimes, laisse-moi voir sa lettre.

LE FOU

Cher maître Fabien, accordez-moi, vous, une autre requête.

FABIEN

Tout ce que tu voudras.

LE FOU

C'est que vous ne me demandiez pas de voir cette lettre.

FABIAN

This is, to give a dog, and in recompense desire my dog again.

The Duke and Viola (as Cesario) enter the square with attendants.

DUKE

Belong you to the Lady Olivia, friends?

CLOWN

Ay, sir, we are some of her trappings.

DUKE

I know thee well : how dost thou, my good fellow?

CLOWN

10 Truly, sir, the better for my foes and the worse for my friends.

DUKE

Just the contrary; the better for thy friends.

CLOWN

No, sir, the worse.

FABIEN

Autant donner un chien, puis, en guise de récompense, redemander son chien[93] !

Entre le Duc et Viola (toujours en tant que Césario).

LE DUC

Appartenez-vous à madame Olivia, mes amis ?

LE FOU

Oui, monsieur, nous sommes de son équipage.

LE DUC

Je te connais bien ; comment vas-tu, mon brave ?

LE FOU

En vérité, monsieur, d'autant mieux du fait de mes ennemis et d'autant plus mal du fait de mes amis.

LE DUC

C'est tout le contraire : d'autant mieux du fait de tes amis.

LE FOU

Non, monsieur, d'autant plus mal.

DUKE

How can that be?

CLOWN

Marry, sir, they praise me and make an ass of me; now
my foes tell me plainly I am an ass : so that by my foes,
sir, I profit in the knowledge of myself, and by my
frinds I am abused : so that, conclusions to be as kisses,
if your four negatives make your two affirmatives, why
20 then—the worse for my friends and the better for my
foes.

DUKE

Why, this is excellent.

CLOWN

By my troth, sir, no; though it please you to be one of
my friends.

DUKE

Thou shalt not be the worse for me—there's gold.

[*he gives him money.*

CLOWN

But that it would be double-dealing, sir, I would you
could make it another.

LE DUC

Comment cela ?

LE FOU

Pardi, monsieur, ils me louent et font de moi un âne ; au lieu que mes ennemis me disent tout net que je suis un âne : en sorte que grâce à mes ennemis, monsieur, je progresse dans la connaissance de moi-même, et par mes amis je suis abusé. C'est pourquoi, s'il en est des conclusions comme des baisers — où quatre termes opposés composent deux oui[94] — alors je me trouve plus mal du fait de mes amis et mieux du fait de mes ennemis.

LE DUC

Excellent !

LE FOU

Non pas, monsieur, sur ma foi, bien qu'il vous plaise d'être de mes amis.

LE DUC

Tu ne te trouveras pas plus mal de mon fait : voici de l'or.

LE FOU

Si ce n'était vous inciter à double jeu par double mise[95], je vous demanderais bien de recommencer.

DUKE

O, you give me ill counsel.

CLOWN

Put your grace in your pocket, sir, for this once, and let
your flesh and blood obey it.

DUKE

30 Well, I will be so much a sinner, to be a double-dealer;
there's another.

[he gives more money.

CLOWN

Primo, secundo, tertio, is a good play, and the old
saying is, the third pays for all : the triplex, sir, is a
good tripping measure, or the bells of St. Bennet, sir,
may put you in mind—one, two, three!

DUKE

You can fool no more money out of me at this throw : if
you will let your lady know I am here to speak with her,
and bring her along with you, it may awake my bounty
further.

LE DUC

Oh, tu me donnes là un mauvais conseil.

LE FOU

Que Votre Grâce mette pour une fois dans sa poche sa gracieuse vertu, et laisse ce conseil gouverner sa chair et son sang.

LE DUC

Allons, je commettrai ce péché de relaps : prends encore.

LE FOU

Primo-secundo-tertio est un bon jeu[96], et le vieux dicton veut que le troisième l'emporte ; la mesure à trois temps, monsieur, est favorable à la danse, et les cloches de Saint-Benoît[97], monsieur, sont là aussi pour vous la mettre en tête : une, deux, trois !

LE DUC

Ce coup-ci, tu ne me filouteras plus d'argent. Mais si tu veux faire savoir à ta maîtresse que je suis venu lui parler, et me la ramènes, peut-être ma générosité se réveillera-t-elle.

CLOWN

40 Marry, sir, lullaby to your bounty till I come again. I
go, sir, but I would not have you to think that my desire
of having is the sin of covetousness : but, as you say,
sir, let your bounty take a nap, I will awake it anon.

[*he goes within.*
Officers approach with Antonio bound.

VIOLA

Here comes the man, sir, that did rescue me.

DUKE

That face of his I do remember well,
Yet when I saw it last it was besmeared
As black as Vulcan in the smoke of war :
A baubling vessel was he captain of,
For shallow draught and bulk unprizable,
50 With which such scathful grapple did he make
With the most noble bottom of our fleet,
That very envy and the tongue of loss
Cried fame and honour on him. What's the matter ?

1 OFFICER

Orsino, this is that Antonio
That took the Phœnix and her fraught from Candy,
And this is he that did the Tiger board,
When your young nephew Titus lost his leg :
Here in the streets, desperate of shame and state,
In private brabble did we apprehend him.

LE FOU

Pardi, monsieur, bercez bien votre générosité d'ici que
je revienne. Je m'en vais, monsieur ; n'allez pas penser
que mon désir de gain soit péché de convoitise, mais
comme vous disiez, monsieur, que votre générosité
fasse une somme : je l'éveillerai tout à l'heure.

Il sort.
Entrent des officiers de justice avec Antonio, lié.

VIOLA

Voici l'homme, monsieur, qui vint à ma rescousse.

LE DUC

Ce visage m'est bien connu, et cependant
Je l'ai vu la dernière fois tout barbouillé,
Oui, noir comme Vulcain de fumée guerrière :
Il commandait alors un méchant rafiot
Sans tonnage ni tirant d'eau appréciables,
Qu'il lança si grièvement à l'abordage
Du plus noble des bâtiments de notre flotte
Que l'envie même et la langue de la défaite
Lui crièrent « Gloire et honneur ! ». Mais qu'y a-t-il ?

1er OFFICIER

Monsieur, voici Antonio, celui qui prit
Le Phénix et sa cargaison retour de Crète,
Celui qui donna au Tigre cet abordage
Où votre neveu Titus a perdu sa jambe.
C'est ici, dans nos rues, alors qu'il se battait
Sans vergogne, au mépris des lois, qu'il s'est fait
prendre.

VIOLA

60 He did me kindness, sir, drew on my side,
But in conclusion put strange speech upon me,
I know not what 'twas but distraction.

DUKE

Notable pirate! thou salt-water thief!
What foolish boldness brought thee to their mercies,
Whom thou, in terms so bloody and so dear,
Hast made thine enemies?

ANTONIO

                              Orsino, noble sir,
Be pleased that I shake off these names you give me;
Antonio never yet was thief or pirate,
Though I confess, on base and ground enough,
70 Orsino's enemy. A witchcraft drew me hither:
That most ingrateful boy there by your side,
From the rude sea's enraged and foamy mouth
Did I redeem; a wrack past hope he was:
His life I gave him and did thereto add
My love, without retention or restraint,
All his in dedication. For his sake
Did I expose myself—pure for his love!—
Into the danger of this adverse town,
Drew to defend him when he was beset:
80 Where being apprehended, his false cunning,
Not meaning to partake with me in danger,
Taught him to face me out of his acquaintance,
And grew a twenty years removéd thing
While one would wink; denied me mine own purse,
Which I had recommended to his use
Not half an hour before.

VIOLA

Il m'a rendu service, il a tiré l'épée
A mon côté, mais pour conclure il m'a tenu
Des discours d'une étrangeté quasi démente.

LE DUC

Pirate fieffé! Brigand de l'onde amère!
Es-tu si téméraire et fou que de te mettre
A la merci de ceux dont tes sanglants outrages
Ont fait tes ennemis?

ANTONIO

                    Noble duc Orsino,
Daignez souffrir que je rejette pareils titres :
« Pirate » ni « brigand » ne siéent à Antonio
Encor qu'il ait été, je l'avoue, et pour cause,
L'ennemi d'Orsino. Ma présence en ce lieu
Est l'effet d'un sortilège. Ce jeune ingrat
Qui est là près de vous, je l'ai dûment sauvé
De la mer furieuse à la gueule écumante,
J'ai donné vie à cette épave sans espoir
Et de surcroît, sans réticence ni réserve,
Lui ai voué mon cœur; me suis jeté pour lui,
Par pur amour pour lui, au milieu des embûches
D'une cité hostile et, comme on l'attaquait,
J'ai dégainé pour le défendre; c'est alors
Qu'on m'arrêta et que, sa ruse cauteleuse
Ne se souciant point d'épouser mon péril,
Il eut l'effronterie de ne plus me connaître
Et de mettre entre nous vingt années de distance
En un clin d'œil; me refusant ma propre bourse
Dont je l'avais pressé quelques instants plus tôt
De faire usage.

VIOLA

How can this be?

DUKE

When came he to this town?

ANTONIO

To-day, my lord; and for three months before,
No interim, not a minute's vacancy,
90 Both day and night did we keep company.

Olivia comes from her house, attended

DUKE

Here comes the countess! now heaven walks on earth...
But for thee, fellow—fellow, thy words are madness,
Three months this youth hath tended upon me.
But more of that anon... Take him aside.

[*the officers obey.*

OLIVIA [*draws near*].

What would my lord, but that he may not have,
Wherein Olivia may seem serviceable?
Cesario, you do not keep promise with me.

VIOLA

Madam?

VIOLA

Eh! quoi! Comment se pourrait-il?

LE DUC

Quand ce jeune homme est-il arrivé dans la ville?

ANTONIO

Aujourd'hui, monseigneur. Auparavant, trois mois
Nous ont vus nuit et jour nous tenir compagnie
Sans un moment d'interruption ni trêve aucune.

Entrent Olivia et sa suite.

LE DUC

La comtesse! Ah! le Ciel chemine sur la terre...
Mais revenons à toi: tu divagues, mon brave:
Ce jeune homme est depuis trois mois à mon service.
Nous en reparlerons plus tard; emmenez-le.

Sortent les officiers, emmenant Antonio.

OLIVIA

Que désire Orsino, l'impossible excepté?
Comment Olivia le peut-il secourir?
Césario, vous manquez à votre promesse.

VIOLA

Madame?

DUKE

Gracious Olivia,—

OLIVIA

100 What do you say, Cesario?—Good my lord,—

VIOLA

My lord would speak, my duty hushes me.

OLIVIA

If it be aught to the old tune, my lord,
It is as fat and fulsome to mine ear
As howling after music.

DUKE

Still so cruel?

OLIVIA

Still so constant, lord.

DUKE

What, to perverseness? you uncivil lady,
To whose ingrate and unauspicious altars
My soul the faithfull'st off'rings hath breathed out,
That e'er devotion tendered! What shall I do?

LE DUC

Gracieuse Olivie...

OLIVIA

Que réponds-tu, Césario? — Mon bon seigneur...[98]

VIOLA

Mon maître veut parler : je dois faire silence.

OLIVIA

Si vous m'allez chanter votre ancienne complainte,
Seigneur, elle est aussi grinçante à mon oreille
Qu'après chanter, un cri strident.

LE DUC

Toujours aussi cruelle!

OLIVIA

Aussi ferme, seigneur.

LE DUC

Ferme dans ta rigueur perverse? O discourtoise
Sur les autels ingrats et néfastes de qui
Mon âme a prononcé les vœux les plus fervents
Que jamais dévotion prêta! Que puis-je faire?

OLIVIA

110 Even what it please my lord, that shall become him.

DUKE

Why should I not, had I the heart to do it,
Like to th'Egyptian thief, at point of death,
Kill what I love?—a savage jealousy
That sometime savours nobly. But hear me this :
Since you to non-regardance cast my faith,
And that I partly know the instrument
That screws me from my true place in your favour,
Like you, the marble-breasted tyrant, still;
But this your minion, whom I know you love,
120 And whom, by heaven I swear, I tender dearly,
Him will I tear out of that cruel eye,
Where he sits crownéd in his master's spite...
Come boy with me. My thoughts are ripe in mischief :
I'll sacrifice the lamb that I do love,
To spite a raven's heart within a dove.

                                        [*he turns away.*

VIOLA [*follows*].

And I, most jocund, apt and willingly,
To do you rest, a thousand deaths would die.

OLIVIA

Where goes Cesario?

VIOLA

After him I love

OLIVIA

Ce qui complaît et ce qui sied à monseigneur.

LE DUC

Pourquoi, si j'en avais le cœur, oui, pourquoi pas,
Tel le bandit d'Égypte[99], à l'instant de mourir
Tuer qui je chéris? — férocité jalouse
Qui ne va pas sans noblesse; mais écoutez:
Puisque ma foi offerte est jetée au rebut
Et qu'il me semble bien connaître l'instrument
Qui m'évince de ma vraie place en vos faveurs,
Vivez, vivez toujours, tyran au sein de marbre,
Mais quant à ce mignon que je vous sais aimer
Et que, devant le Ciel, j'aime aussi tendrement,
Je le veux arracher, cruelle, à ce regard
Où il siège en roi en dépit de son maître.
Viens, enfant. Mes pensées sont mûres pour nuire:
Oui, je sacrifierai l'agneau que je chéris
Pour dépiter cette colombe au cœur d'orfraie!

VIOLA

Et moi c'est volontiers, avec joie, tout de suite
Que pour votre repos je mourrais mille morts.

OLIVIA

Où va Césario?

VIOLA

Suivre celui que j'aime

More than I love these eyes, more than my life,
130 More, by all mores, than e'er I shall love wife.
If I do feign, you witnesses above
Punish my life for tainting of my love!

OLIVIA

Ay me, detested! how am I beguiled!

VIOLA

Who does beguile you? who does do you wrong?

OLIVIA

Hast thou forgot thyself? is it so long?
Call forth the holy father.

> [*an attendant goes within.*

DUKE [*to Viola*].

Come, away!

OLIVIA

Whither, my lord! Cesario, husband, stay.

DUKE

Husband?

Plus que mes yeux, plus que ma vie, plus, ah! bien plus
Que jamais je ne chérirai aucune épouse.
Si je mens, célestes témoins, châtiez ma vie
Pour avoir souillé mon amour!

OLIVIA

                    Malheur à moi!
Il m'a répudiée! Comme je suis trahie!

VIOLA

Qui vous trahit? Qui vous fait tort?

OLIVIA

                    Quoi, tu t'oublies?
Y a-t-il si longtemps? Appelez le saint prêtre!

                    Sort quelqu'un de la suite.

LE DUC, *à Viola.*

Allons, viens.

OLIVIA

            Où monsieur? — Césario, mon époux,
Reste!

LE DUC

Époux?

OLIVIA

Ay, husband. Can he that deny?

DUKE

Her husband, sirrah?

VIOLA

No, my lord, not I.

OLIVIA

140 Alas, it is the baseness of thy fear,
That makes thee strangle thy propriety:
Fear not, Cesario, take thy fortunes up,
Be that thou know'st thou art, and then thou art
As great as that thou fear'st.

The priest comes forth.
O, welcome, father!
Father, I charge thee, by thy reverence,
Here to unfold—though lately we intended
To keep in darkness, what occasion now
Reveals before 'tis ripe—what thou dost know
Hath newly passed between this youth and me.

PRIEST

150 A contract of eternal bond of love,
Confirmed by mutual joinder of your hands,
Attested by the holy close of lips,
Strength'ned by interchangements of your rings,
And all the ceremony of this compact
Sealed in my function, by my testimony:

OLIVIA

Oui, époux : peut-il donc le nier?

LE DUC

Drôle, es-tu son époux?

VIOLA

Moi? Non pas, monseigneur.

OLIVIA

C'est une lâche peur, hélas, qui te conseille
D'ainsi désavouer ce que tu es vraiment.
Ne crains rien, Césario, prévaux-toi de ton sort :
Sois ce que tu sais être et tu seras l'égal
De celui qui te fait trembler.

Entre le prêtre.
Bienvenue, père!
Veuillez, au nom de votre sainte dignité —
Et bien que nous ayons pensé tenir caché
Ce qu'avant l'heure la Fortune fait paraître —
Rendre public ce qui, à votre connaissance,
Vient, entre ce jeune homme et moi, d'être conclu.

LE PRÊTRE

Un contrat qui vous lie d'un éternel amour,
Confirmé par vos mains en étreinte mutuelle,
Attesté par le saint attouchement des lèvres,
Renforcé par l'échange entre vous des anneaux,
Contrat que l'exercice de mon ministère,
De ses rites témoin, a parfait de son sceau.

Since when, my watch hath told me, toward my grave,
I have travelled but two hours.

DUKE

O, thou dissembling cub! what wilt thou be
When time hath sowed a grizzle on thy case?
160 Or will not else thy craft so quickly grow,
That thine own trip shall be thine overthrow?
Farewell, and take her, but direct thy feet
Where thou and I henceforth may never meet.

VIOLA

My lord, I do protest—

OLIVIA

O, do not swear!
Hold little faith, though thou hast too much fear.

Sir Andrew Aguecheek comes up with his head broke.

SIR ANDREW

For the love of God, a surgeon! Send one presently to
Sir Toby.

OLIVIA

What's the matter?

Depuis lors, ma montre me dit que vers ma tombe
Je n'ai pérégriné que deux heures de temps.

LE DUC, *à Viola.*

Ah renardeau, que seras-tu lorsque le temps
Aura de poivre et sel parsemé ta fourrure?
Ou bien, trop empressée de croître, ta feintise
Se fera-t-elle prendre à ses propres embûches?
Adieu, emmène-la, mais en telle contrée
Que jamais, toi et moi, ne puissions nous revoir!

VIOLA

Monseigneur, je proteste...

OLIVIA

Oh! non, ne jure pas!
Conserve quelque honneur, si tremblant que tu sois.

Entre messire André, la tête ensanglantée.

MESSIRE ANDRÉ

Pour l'amour de Dieu, un chirurgien! Qu'on en envoie
un sur-le-champ à messire Tobie.

OLIVIA

Qu'y a-t-il?

SIR ANDREW

H'as broke my head across and has given Sir Toby a
170 bloody coxcomb too : for the love of God, your help! I
had rather than forty pound I were at home.

[*he sinks to the ground.*

OLIVIA

Who has done this, Sir Andrew?

SIR ANDREW

The count's gentleman, one Cesario : we took him for a
coward, but he's the very devil incardinate.

DUKE

My gentleman, Cesario?

SIR ANDREW

'Od's lifelings, here he is! You broke my head for
nothing, and that that I did, I was set on to do't by Sir
Toby.

VIOLA

Why do you speak to me? I never hurt you :
You drew your sword upon me without cause,
180 But I bespake you fair, and hurt you not.

MESSIRE ANDRÉ

Il m'a fendu le crâne par le travers, et à messire Tobie
aussi il a mis l'occiput en sang. Pour l'amour de Dieu,
au secours! Je donnerais bien quarante livres pour être
à la maison.

Il s'effondre

OLIVIA

Qui a fait cela, messire André?

MESSIRE ANDRÉ

Le gentilhomme du duc, un certain Césario. Nous le
prenions pour un couard, mais c'est le diable incardiné.

LE DUC

Mon gentilhomme, Césario?

MESSIRE ANDRÉ

Jarnicoton, le voici! Vous m'avez fendu le crâne pour
rien,
et ce que j'ai fait, c'est messire Tobie qui m'y a poussé.

VIOLA

Qu'avez-vous contre moi? Je ne vous ai rien fait :
C'est vous qui m'avez attaqué sans nulle cause.
Je vous ai parlé poliment, et point blessé.

SIR ANDREW

If a bloody coxcomb be a hurt, you have hurt me; I
think you set nothing by a bloody coxcomb.

Sir Toby approaches bleeding, led by the Clown.
Here comes Sir Toby halting, you shall hear more : but
if he had not been in drink, he would have tickled you
othergates than he did.

DUKE

How now, gentleman! how is't with you?

SIR TOBY

That's all one—has hurt me, and there's th'end on't...
[*to Clown*] Sot, didst see Dick surgeon, sot?

CLOWN

O he's drunk, Sir Toby, an hour agone; his eyes were
190 set at eight i'th' morning.

SIR TOBY

Then he's a rogue, and a passy-measures pavin : I hate
a drunken rogue.

OLIVIA

Away with him! Who hath made this havoc with them?

MESSIRE ANDRÉ

Si c'est une blessure que d'avoir l'occiput en sang, vous m'avez blessé ; mais ce n'est rien pour vous qu'un occiput en sang !

Entre messire Tobie, en sang, conduit par le Fou.
Voici messire Tobie qui s'approche en boitant, vous allez en entendre d'autres. Mais s'il n'avait pas été pris de vin, il vous aurait chatouillé tout autrement qu'il n'a fait.

LE DUC

Hé quoi, monsieur ! Dans quel état êtes-vous ?

MESSIRE TOBIE

Peu importe : il m'a blessé, voilà tout. Mais dis-moi, pantin, as-tu vu Dick le chirurgien ?

LE FOU

Hélas, messire Tobie, il est dans les vignes depuis une heure de temps. A huit heures du matin il avait déjà les yeux clos.

MESSIRE TOBIE

C'est une canaille, un danseur de pas de huit[100]. Je hais les canailles qui se soûlent.

OLIVIA

Emmenez-le ! Qui donc les a massacrés de la sorte ?

SIR ANDREW [*rises*].

I'll help you, Sir Toby, because we'll be dressed together.

SIR TOBY

Will you help? an ass-head, and a coxcomb, and a
knave! a thin-faced knave, a gull!

OLIVIA

Get him to bed, and let his hurt be looked to.

> [*Clown, Sir Toby, and Sir Andrew go within.*
> *Sebastian enters the square.*

SEBASTIAN

I am sorry, madam, I have hurt your kinsman;
But, had it been the brother of my blood,
200 I must have done no less with wit and safety.

> [*all stand in amaze.*

You throw a strange regard upon me, and by that
I do perceive it hath offended you;
Pardon me, sweet one, even for the vows
We made each other but so late ago.

DUKE

One face, one voice, one habit, and two persons,
A natural perspective, that is and is not.

MESSIRE ANDRÉ

Je vais vous aider, messire Tobie : nous nous ferons
panser ensemble.

MESSIRE TOBIE

Toi, aider ? Tête de bourrique, niquedouille, coquin,
demi-giclée, gobe-mouches !

OLIVIA

Qu'on le mette au lit, et qu'on traite sa blessure.

Sortent le Fou, messire Tobie et messire André.
Entre Sébastien.

SÉBASTIEN

Je regrette d'avoir blessé votre parent,
Madame, mais eût-il été mon propre frère,
J'en aurais fait autant par prudence et raison.
Ah ! vous me regardez d'étrange manière :
C'est que vous êtes offensée, je le vois bien.
Pardonnez-moi, très chère, au nom même des vœux
Que tout à l'heure encor nous formions tous deux.

LE DUC

Un visage, une voix, un habit et deux êtres
Comme en un verre optique[101] où ce qui est n'est pas !

SEBASTIAN

Antonio! O my dear Antonio!
How have the hours racked and tortured me,
Since I have lost thee!

ANTONIO

Sebastian are you?

SEBASTIAN

210   Fear'st thou that, Antonio?

ANTONIO

How have you made division of yourself?
An apple, cleft in two, is not more twin
Than these two creatures. Which is Sebastian?

OLIVIA

Most wonderful!

SEBASTIAN

Do I stand there? I never had a brother :
Nor can there be that deity in my nature,
Of here and every where. I had a sister,
Whom the blind waves and surges have devoured...
Of charity, what kin are you to me?
220 What countryman? what name? what parentage?

SÉBASTIEN

Antonio! O mon Antonio, combien les heures
M'ont torturé, m'ont tenaillé, toi disparu!

ANTONIO

Êtes-vous Sébastien?

SÉBASTIEN

En douter, Antonio!

ANTONIO

Comment avez-vous pu vous dédoubler ainsi?
D'une pomme coupée, les deux moitiés jumelles
Ne le sont pas davantage que ces deux êtres.
Lequel est Sébastien?

OLIVIA

Oh, c'est prodigieux!

SÉBASTIEN

Est-ce moi qui suis là? Je n'eus jamais de frère
Ni n'ai-je ce divin pouvoir en ma nature
D'être ailleurs ensemble qu'ici. J'eus une sœur
Que les flots et la houle aveugles dévorèrent...
Par charité, quel est le lien qui nous unit?
Votre nom, votre parenté, votre patrie?

VIOLA

Of Messaline : Sebastian was my father—
Such a Sebastian was my brother too :
So went he suited to his watery tomb :
If spirits can assume both form and suit,
You come to fright us.

SEBASTIAN

                    A spirit I am indeed,
But am in that dimension grossly clad,
Which from the womb I did participate.
Were you a woman, as the rest goes even,
I should my tears let fall upon your cheek,
230 And say 'Thrice-welcome, drownéd Viola!'

VIOLA

My father had a mole upon his brow.

SEBASTIAN

And so had mine.

VIOLA

And died that day when Viola from her birth
Had numb'red thirteen years.

SEBASTIAN

O, that record is lively in my soul!
He finishéd indeed his mortal act,
That day that made my sister thirteen years.

VIOLA

J'eus pour père, dans Messalie, un Sébastien,
Un autre Sébastien pour frère, et qui s'en fut,
Habillé comme vous, en sa tombe liquide.
Si les esprits empruntent forme et vêtements,
Vous venez pour nous faire peur.

SÉBASTIEN

                              Un esprit, certes
Je le suis, mais logé dans la rude enveloppe
Qui m'échut dès le sein. Ah! si vous étiez femme,
Je laisserais sur votre joue couler mes larmes —
Car tout concorde hormis cela — pour m'écrier :
Sois maintes fois la bienvenue, chère noyée!

VIOLA

Mon père avait un signe au front.

SÉBASTIEN

                              Le mien de même.

VIOLA

Il trépassa le jour que Viola eut treize ans.

SÉBASTIEN

Oh! la mémoire en est vivante dans mon âme.
Oui, son mortel pèlerinage vint à terme
Le jour qui conféra treize années à ma sœur.

VIOLA

If nothing lets to make us happy both,
But this my masculine usurped attire,
240 Do not embrace me till each circumstance
Of place, time, fortune, do cohere and jump
That I am Viola—which to confirm,
I'll bring you to a captain in this town,
Where lie my maiden weeds; by whose gentle help
I was preserved to serve this noble count...
All the occurrence of my fortune since
Hath been between this lady and this lord.

SEBASTIAN [to Olivia].

So comes it, lady, you have been mistook;
But nature to her bias drew in that.
250 You would have been contracted to a maid,
Nor are you therein, by my life, deceived.
You are betrothed both to a maid and man.

DUKE

Be not amazed—right noble is his blood...
If this be so, as yet the glass seems true,
I shall have share in this most happy wrack.
[to Viola] Boy, thou hast said to me a thousand times
Thou never shouldst love woman like to me.

VIOLA

And all those sayings will I over-swear,
And all those swearings keep as true in soul,
260 As doth that orbéd continent the fire
That severs day from night.

VIOLA

Si rien, hormis l'habit masculin que j'usurpe,
Ne vient plus mettre obstacle à notre joie commune,
Ne m'embrassez point pour autant, que tous détails
Touchant les lieux, les temps et les faits ne concordent
Et ne crient que je suis Viola — lesquelles preuves
Vous fournira dans cette ville un capitaine
Chez lequel je vous veux conduire et qui conserve
Mes vêtements de jeune fille : sa bonne aide,
M'ayant sauvée, m'a fait servir ce noble duc.
C'est dès lors entre ce seigneur et cette dame
Que ma fortune, incessamment, s'est déroulée.

SÉBASTIEN, *à Olivia.*

De là, madame, votre erreur ; mais la nature
A suivi dans cette affaire sa pente propre[102].
Vous vouliez épouser une fille : en cela,
Vous ne sauriez, ma foi, vous tenir pour déçue
Puisqu'à fille et garçon vous êtes fiancée.

LE DUC

Ne restez pas interdite : son sang est noble...
Puisqu'il en est ainsi, puisque le verre optique
Semble décidément dire la vérité,
Je veux tirer ma part de cet heureux naufrage.
(A Viola.) Enfant, ne m'as-tu pas affirmé mille fois
Que jamais tu n'aimerais femme autant que moi ?

VIOLA

Ces mille affirmations, je les jure à nouveau
De par mille serments que ma foi gardera
Comme le firmament arqué garde la flamme
Qui distingue la nuit du jour.

DUKE

Give me thy hand,
And let me see thee in thy woman's weeds.

VIOLA

The captain that did bring me first on shore,
Hath my maid's garments : he upon some action
Is now in durance, at Malvolio's suit.
A gentleman and follower of my lady's.

OLIVIA

He shall enlarge him... Fetch Malvolio hither—
And yet, alas, now I remember me,
They say, poor gentleman, he's much distract.
*The Clown returns with a letter in his hand, Fabian
following.*
270 A most extracting frenzy of mine own
From my remembrance clearly banished his.
How does, he, sirrah?

CLOWN

Truly, madam, he holds Belzebub at the stave's end as
well as a man in his case may do : has here writ a letter
to you, I should have given't you to-day morning : but
as a madman's epistles are no gospels, so it skills not
much when they are delivered.

OLIVIA

Open't, and read it.

LE DUC

> Ta main ! — Et veuille
Te montrer à ma vue dans tes habits de femme.

VIOLA

Le capitaine les détient, qui m'amena
Sur ces bords, mais il est à cette heure en prison
Pour quelque instance introduite par Malvolio[103],
Un gentilhomme de la suite de madame.

OLIVIA

Il va nous l'élargir. Appelez Malvolio.
Mais hélas — tout à coup la chose me revient —
Le pauvre gentilhomme extravague, dit-on.

> *Rentrent le Fou, une lettre à la main, et Fabien.*
Ma propre frénésie avait de ma mémoire
Banni tout souvenir de lui... Comment va-t-il ?

LE FOU

En vérité, madame, il tient Belzébuth à bout de perche
aussi bien qu'un homme dans sa situation le peut faire.
Il vous a écrit une lettre que voici ; j'aurais dû vous la
donner ce matin, mais comme les épîtres de fou ne sont
pas des évangiles, peu importe quand on les délivre.

OLIVIA

Ouvre et lis.

CLOWN

Look then to be well edified, when the fool delivers the
280 madman. [*he shrieks*] 'By the Lord, madam,'—

OLIVIA

How now! art thou mad?

CLOWN

No, madam, I do but read madness : an your ladyship
will have it as it ought to be, you must allow Vox.

OLIVIA

Prithee, read i'thy right wits.

CLOWN

So I do, madonna ; but to read his right wits, is to read
thus : therefore perpend, my princess, and give ear.

OLIVIA [*snatches the letter and gives it to Fabian*].

Read it you, sirrah.

FABIEN ['*reads*'].

'By the Lord, madam, you wrong me, and the world
shall know it : though you have put me into darkness,

LE FOU

Attendez-vous à être dûment édifiée dès lors que c'est le fou qui prête voix au dément. *(A tue-tête.)* « Par Dieu, madame... »

OLIVIA

Comment ? Es-tu fou ?

LE FOU

Non, madame, je lis seulement des folies. Si Votre Seigneurie veut que ceci soit lu comme il convient, qu'elle me laisse prendre le ton.

OLIVIA

Je t'en prie, lis raisonnablement.

LE FOU

C'est ce que je fais, madonna : lire raisonnablement ce qui est déraison, c'est lire comme cela : ainsi donc recueille-toi, ma princesse et prête l'oreille.

OLIVIA, *lui prenant la lettre et la donnant à Fabien.*

A toi, l'ami : lis-la.

FABIEN, *lisant.*

« Par Dieu, madame, vous me faites tort et le monde le saura. Bien que vous m'ayez plongé dans les ténèbres et

290 and given your drunken cousin rule over me, yet have I
the benefit of my senses as well as your ladyship. I have
your own letter that induced me to the semblance I put
on; with the which I doubt not but to do myself much
right, or you much shame. Think of me as you please. I
leave my duty a little unthought of, and speak out of my
injury.

THE MADLY-USED MALVOLIO.'

OLIVIA

Did he write this?

CLOWN

Ay, madam.

DUKE

This savours not much of distraction.

OLIVIA

See him delivered, Fabian, bring him hither...

[*Fabian goes within.*
300 My lord, so please you, these things further thought on,
To think me as well a sister as a wife.
One day shall crown th'alliance on't, so please you,
Here at my house and at my proper cost.

DUKE

Madam, I am most apt t'embrace your offer...

livré au pouvoir de votre ivrogne d'oncle, je ne suis pas moins que Votre Seigneurie en possession de mon bon sens. J'ai par devers moi votre propre lettre qui m'a incité à me vêtir comme je l'ai fait, et grâce à quoi je ne doute pas de me justifier amplement ou d'amplement vous confondre. Pensez de moi ce qu'il vous plaira. J'oublie quelque peu le respect que je vous dois et laisse parler mon ressentiment.

      Malvolio, le démentiellement maltraité. »

OLIVIA

Il a vraiment écrit ceci ?

LE FOU

Mais oui, madame.

LE DUC

Voilà qui ne sent guère la folie.

OLIVIA

Va-t'en le délivrer, Fabien, et qu'on l'amène.

Sort Fabien.

Monseigneur, s'il vous plaît, tout bien considéré,
De me tenir, non point pour femme, mais pour sœur,
Un même jour couronnera double alliance
En ce mien logis, à mes propres dépens.

LE DUC

Madame, je souscris volontiers à votre offre.

[*to Viola*], Your master quits you; and for your service
done him,
So much against the mettle of your sex,
So far beneath your soft and tender breeding,
And since you called me master for so long,
Here is my hand—you shall from this time be
310 Your master's mistress.

OLIVIA

A sister! you are she.

Fabian returns with Malvolio.

DUKE

Is this the madman?

OLIVIA

Ay, my lord, this same :
How, now, Malvolio?

MALVOLIO

Madam, you have done me
wrong,
Notorious wrong.

OLIVIA

Have I, Malvolio? no!

(A Viola.) Reprenez votre liberté, mais en retour
Des services qu'à votre maître vous rendîtes —
Si fort qu'ils fissent violence à votre sexe
Comme à la tendre éducation que vous reçûtes —
Et puisque si longtemps vous m'appelâtes maître,
Voici ma main — Je veux dès lors que de ce maître
Vous soyez la maîtresse.

OLIVIA

Et pour moi, une sœur[104]!

Rentre Fabien avec Malvolio.

LE DUC

Est-ce là le dément?

OLIVIA

Lui-même, monseigneur.
Eh bien, Malvolio?

MALVOLIO

Vous m'avez outragé,
Gravement outragé, madame.

OLIVIA

Moi? Mais non.

MALVOLIO

Lady, you have. Pray you, peruse that letter...

[*he takes a letter from his bosom.*
You must not now deny it is your hand,
Write from it, if you can, in hand or phrase,
Or say 'tis not your seal, not your invention :
You can say none of this. Well, grant it then,
And tell me, in the modesty of honour,
320 Why you have given me such clear lights of favour,
Bade me come smiling and cross-gartered to you,
To put on yellow stockings and to frown
Upon Sir Toby and the lighter people :
And, acting this in an obedient hope,
Why have you suffered me to be imprisoned,
Kept in a dark house, visited by the priest,
And made the most notorious geck and gull
That e'er invention played on? tell me why.

OLIVIA

Alas, Malvolio, this is not my writing,
330 Though, I confess, much like the character :
But, out of question, 'tis Maria's hand.
And now I do bethink me, it was she
First told me thou wast mad; then cam'st in smiling?
And in such forms which here were persupposed
Upon thee in the letter... Prithee, be content—
This practice hath most shrewdly passed upon thee;
But, when we know the grounds and authors of it,
Thou shalt be both the plaintiff and the judge
Of thine own cause.

FABIAN

Good madam, hear me speak
340 And let no quarrel nor no brawl to come

MALVOLIO

Si fait. Veuillez, madame, examiner ceci.

Il tire une lettre de son sein.

Vous ne sauriez désavouer cette écriture —
Montrez-nous donc une autre main, un autre style! —
Ni renier le cachet ou l'inspiration?
Non, vous ne le sauriez! Dès lors, convenez-en
Et dites-moi, l'honneur requérant la franchise,
Pourquoi vous m'avez distingué si clairement,
M'avez enjoint d'aller à vous, de vous sourire,
De croiser mes jarretières sur des bas jaunes,
De brusquer messire Tobie et les valets;
Puis, quand j'eus obéi dans mon espoir docile,
Pourquoi vous avez toléré que je pusse être
Jeté au cachot noir, visité par le prêtre,
Et que l'on fît de moi la plus insigne dupe
Dont on se soit jamais joué : dites-le-moi!

OLIVIA

Hélas, Malvolio, ce n'est point là ma main —
Encor que, je l'avoue, la mienne lui ressemble —
Mais c'est la main de Maria, sans doute aucun.
Et c'est elle, en effet, maintenant que j'y pense,
Qui m'a dit en premier que tu perdais l'esprit;
Sur quoi tu es entré tout souriant, avec
Les manières que la lettre te dictait...
Paix, je t'en prie : on t'a joué un méchant tour,
Mais quand nous en saurons la cause et les auteurs,
Je veux que tu sois juge et partie tout ensemble
En ce procès.

FABIEN

Bonne madame, écoutez-moi
Et que nulle querelle ou bagarre n'altère

Taint the condition of this present hour,
Which I have wond'red at. In hope it shall not,
Most freely I confess, myself and Toby
Set this device against Malvolio here,
Upon some stubborn and uncourteous parts
We had conceived in him : Maria writ
The letter at Sir Toby's great importance,
In recompense whereof he hath married her...
How with a sportful malice it was followed,
350 May rather pluck on laughter than revenge,
If that the injuries be justly weighed
That have on both sides passed.

OLIVIA

Alas, poor fool! how have they baffled thee!

CLOWN

Why, 'Some are born great, some achieve greatness,
and some have greatness thrown upon them.' I was one,
sir, in this interlude, one Sir Topas, sir—but that's all
one... 'By the Lord, fool, I am not mad!' But do you
remember? 'Madam, why laugh you at such a barren
rascal? an you smile not, he's gagged'... And thus the
360 whirligig of time brings in his revenges.

MALVOLIO

I'll be revenged on the whole pack of you.

[*he turns upon his heel and goes.*

La présente heure dont je reste émerveillé.
Dans cet espoir, je vous avoue candidement
Que moi-même et messire Tobie avons dressé
A l'encontre de Malvolio ce stratagème
Pour certains procédés discourtois et revêches
Que nous lui imputions ; la lettre fut écrite,
Messire Tobie l'en pressant, par Maria,
Qui de lui, par gratitude, fut épousée[105].
Le divertissement malicieux qui suivit
Plutôt que la vindicte appellera le rire
Si les torts, de part et d'autre, sont bien pesés.

OLIVIA

Hélas, pauvre jobard, comme ils t'ont bafoué !

LE FOU

Ma foi, « les uns naissent grands, les autres se haussent
jusqu'à la grandeur, d'autres encore s'en voient revêtir ». J'ai joué un rôle, monsieur, dans cet intermède,
j'ai fait certain messire Topaze, monsieur, mais peu
importe. « Par le Ciel, bouffon, je ne suis pas fou ! »
Mais aussi vous rappelez-vous : « Madame, je
m'étonne que vous vous divertissiez avec ce vaurien
inane. Cessez de rire, le voilà bouche cousue. » C'est
ainsi que le tourniquet du temps amène les représailles.

MALVOLIO

Je me vengerai de toute votre clique !

Il sort.

OLIVIA

He hath been most notoriously abused.

DUKE

Pursue him, and entreat him to a peace :
He hath not told us of the captain yet.
When that is known, and golden time convents,
A solemn combination shall be made
Of our dear souls... Meantime, sweet sister,
We will not part from hence. Cesario, come!
For so you shall be, while you are a man;
370 But, when in other habits you are seen,
Orsino's mistress and his fancy's queen.

                    [*all save the Clown go within.*

CLOWN [*sings*].

When that I was and a little tiny boy,
    With hey, ho, the wind and the rain :
A foolish thing was but a toy,
    For the rain it raineth every day.

But when I came to man's estate,
    With hey, ho, the wind and the rain :
'Gainst knaves and thieves men shut their gate,
    For the rain it raineth every day.

OLIVIA

On l'a berné vraiment d'abominable sorte.

LE DUC

Courez, suppliez-le de conclure la paix :
Il ne nous a rien dit encor du capitaine.
Cela fait, et l'heure dorée nous conviant,
Nous conjoindrons avec des rites solennels
Nos cœurs aimants. Jusque-là, chère sœur,
Nous resterons ici. Venez, Césario !
Car vous le resterez tant que vous serez homme
Pour bientôt devenir sous de nouveaux atours
La reine d'Orsino et de son humble amour.

Tous sortent, sauf le Fou.

LE FOU, *chantant.*

Quand j'étais un tout petit gars
Par le vent, ô gué ! par la pluie,
Ah ! je m'en donnais à cœur joie
Car la pluie tombe jour et nuit.

Mais quand j'eus l'âge d'homme atteint
Par le vent, ô gué ! par la pluie,
Barrez la porte aux malandrins
Car la pluie tombe jour et nuit.

380   But when I came alas to wive,
          With hey, ho, the wind and the rain :
      By swaggering could I never thrive,
          For the rain it raineth every day.

      But when I came unto my beds,
          With hey, ho, the wind and the rain :
      With toss-pots still had drunken heads,
          For the rain it raineth every day.

      A great while ago the world begun.
          With hey, ho, the wind and the rain :
390   But that's all one, our play is done,
          And we'll strive to please you every day.

                                    [*he goes.*

Mais quand j'eus hélas! convolé
Par le vent, ô gué! par la pluie,
J'eus beau faire, je fus dressé
Car la pluie tombe jour et nuit.

Mais quand montâmes nous coucher
Par le vent, ô gué! par la pluie,
Nous avions un pot dans le nez
Car la pluie tombe jour et nuit[106].

Le monde n'est pas né d'hier
Par le vent, ô gué! par la pluie.
Ce jeu fut joué pour vous plaire :
Nous y tâcherons jour et nuit.

Il sort.

NOTES DU TRADUCTEUR

1. *comme un zéphyr*. Nous lisons « sough » au lieu de « sound » comme nous y invitent les éditeurs anglais.

2. *changé en cerf*. Comme Actéon : ceci vient évidemment d'Ovide, tant pratiqué par Shakespeare.

3. *le riche trait d'or*. On sait que Cupidon avait deux flèches : l'une d'or, l'autre de plomb.

4. *cerveau, cœur et foie*. Les trônes respectifs du jugement, des passions et des sentiments.

5. *Au bord de la mer*. En termes réalistes, mais du point de vue de la mise en scène, on pourrait aussi bien écrire : *sine loco*.

6. *Un noble duc*. Shakespeare qualifie Orsino tantôt de duc, tantôt de comte. Nous écrirons toujours : duc.

7. *Hé, qu'elle excepte de son blâme ceux qu'elle a déjà blâmés*. L'anglais s'inspire de la formule légale *exceptis excipiendis* et joue sur le double sens de « except » (excepter et censurer) d'une manière qui ne peut se rendre en français.

8. *des soustracteurs*. Messire Tobie veut dire « détracteurs », mais le vin, le hoquet et l's de « sacripants » aidant, il commet ce lapsus qui est d'un ivrogne, non d'un ignorant. Peut-être faudrait-il écrire : « des sss... acripants et des sss... oustracteurs » pour marquer le débit.

9. *comme toupie de paroisse* [*qu'on fouette par temps de gel*]. Il s'agissait d'« une grande toupie qu'on gardait dans chaque village pour la fouetter par temps de gel, afin que les paysans se réchauffassent en prenant de l'exercice et ne fissent rien de nuisible quand ils ne pouvaient pas travailler ». (Steevens) Nous avons cru pouvoir rappeler cette saine occupation dès le texte, afin de le rendre immédiatement intelligible.

10. *Du lacryma Christi !* Conjecture pour « Castiliano vulgo » où

l'on a cru reconnaître « Castiglione voglio », vin choisi de même sorte que le lacryma Christi.

11. *La chambrière*. Maria est jouée trop souvent en simple soubrette. Nos éditeurs insistent sur sa qualité de dame de compagnie. Toutefois, être née ne l'empêche pas de servir à boire, ni de quémander un présent (Cf. note 14).

12. *en cette compagnie*. Sans doute messire André désigne-t-il le parterre.

13. « *La pensée est libre*. » Ce dicton, qu'on trouve çà et là chez Shakespeare et chez d'autres dramaturges élizabéthains, remonte à Cicéron (*Pro Mil.*, 29, 79).

14. *Portez-la au comptoir et donnez-lui à boire*. Expression convenue pour quémander un baiser et un présent. Messire André n'y voit que du feu. Le lecteur moderne aussi, hélas! Mais il fallait se refuser à toute transposition si l'on voulait garder l'enchaînement des répliques qui roulent toutes sur la main de messire André. Cf. note suivante.

15. [*rien n'en pleut*]. Nous ajoutons ces trois syllabes pour suggérer au moins l'un des deux sens de « main sèche », signe d'avarice aussi bien que de froideur érotique. Cela ne s'entend plus guère en anglais et se perd tout à fait en français. Seule la mimique des acteurs peut sauver l'ensemble de ce passage qui vient aussi mal que possible en notre langue.

16. *Perchè*. Nous demanderons à l'italien, dans cette pièce, de traduire les quelques mots français que Shakespeare y a semés.

17. *s'empoussiérer comme le portrait de Madame Petite-Vertu*. « Madame Petite-Vertu » n'est qu'une transposition approximative pour « Mistress Mall » en qui on a pensé reconnaître soit Moll Cutpurse, fameuse amazone de la pègre, soit la courtisane Moll Newbury — sans parvenir pour autant à expliquer la phrase.

18. *un bas isabelle*. En fait, on pourra prêter à messire André les bas que l'on voudra, car « dun-coloured » n'est qu'une conjecture pour l'énigmatique « dam'd coloured » du Folio qu'on a parfois interprété « flame-coloured ».

19. *Le Taureau! Il gouverne les flancs et le cœur*. Messire André ayant confondu le Taureau et le Lion, messire Tobie le remet dans la bonne voie astrologique.

20. *De la guerre*. Où l'on voit se déployer les couleurs ennemies.

21. *et tu pourrais d'aventure conter cela parmi tes folies*. Selon nos éditeurs, Maria suggère au Fou d'invoquer la guerre pour excuser son absence, à quoi le Fou réplique en substance : « Peuh! je m'en tirerai bien sans cela. »

22. *Si messire Tobie dit adieu...* Le Fou a naturellement saisi les relations de messire Tobie et de Maria, et touche cette dernière au point sensible.

23. *bariolé de pièces*. Allusion au vêtement bariolé, à l'« arlequin » du fou.

24. *de même qu'il n'est de vrai cocu que le malheur*, etc. Le Fou, à sa manière allusive, invite Olivia à rompre son vœu de deuil prolongé, qui n'est que folie.

25. *ou sortie...* La pause marquerait une protestation silencieuse de Malvolio, dont le pharisaïsme puritain réprouve le moindre semblant de mensonge.

26. *inconscience... concupiscence.* L'anglais joue avec plus de naturel sur « lethargy » et « lechery » (paillardise).

27. *dès lors que j'ai la foi.* La boisson ne porte pas atteinte à la saine théologie paulinienne de messire Tobie.

28. *Si vous n'êtes pas fou...* Le texte n'est pas sûr. Il faut probablement entendre soit « si vous n'êtes pas complètement fou », soit au contraire, en lisant « *but* » au lieu de « *not* », « si vous êtes tout simplement fou ».

29. *votre géante.* Par antiphrase. C'est là l'un des multiples indices que Maria devait être jouée par un jeune garçon de très petite taille.

30. *Dans son cœur.* L'accent est sans doute sur le mot « son » avec une légère nuance, déjà, de déception.

31. *peint la présente année.* Du moins est-ce probablement ainsi qu'il faut entendre les deux mots très discutés « this present » : Olivia feint de lire une inscription au bas du tableau.

32. *Devant la maison d'Antonio.* Pareilles indications de scène (des éditeurs anglais) ne font que situer l'action et, encore une fois, ne dictent impérieusement aucun décor.

33. La prose assez convenue de cette scène de transition pourrait n'être pas de Shakespeare.

34. *Messalie* ou Messalia. Conjecture probable pour le peu géographique « Messaline » du texte anglais.

35. *comme un sport.* Mieux vaudrait « comme un jeu », mais il fallait faire tinter la petite clochette de la rime en fin de scène dans ce monologue de pure convention.

36. *diluculo surgere.* D'un exemple de la Grammaire de Lily : « diluculo surgere saluberrimum est ».

37. *l'enseigne des Trois Têtes d'Anes.* L'enseigne de « Nous Trois », dit seulement l'anglais. Il s'agissait d'une enseigne représentant deux têtes d'ânes ou deux bouffons, le spectateur étant censé faire le troisième.

38. *Pigrogromitus... Vapiens... Queubus.* Ces doctes noms ne figurent pas, on s'en doute, dans les encyclopédies.

39. *J'ai empoché...* etc. En langage clair : « Je me suis empressé d'enfouir dans ma poche votre (misérable) pourboire, car Malvolio, qui ne manque pas de flair, était aux aguets. D'ailleurs ma maîtresse n'est pas la première venue et boit mieux que la petite bière quand nous allons à la taverne des Myrmidons. »

40. *je me soucie peu de mener une « bonne vie ».* La méprise de

messire André est plus plausible en anglais : Le Fou a parlé d'une chanson de « bonne vie » au sens d'une chanson « de bon vivant » et messire André prête à l'expression de « bonne vie » un sens moral.

41. *qui vous trouvera trois âmes à émouvoir chez un seul tisserand.* Les tailleurs et les tisserands étaient réputés trop grossiers pour avoir une âme. C'est donc un prodige que d'émouvoir trois âmes chez l'un d'eux. On a dit aussi que les tisserands, particulièrement adonnés au chant des Psaumes, étaient hostiles aux chansons à boire.

42. *point de lapin qui n'ait de l'oreille.* La plaisanterie est transposée, l'anglais jouant sur « dog » et « catch ».

43. « *A Babylone vivait un homme.* » D'après la *Ballad of Constant Suzanna* (Percy, *Reliques*, ii, x).

44. *Doux cœur, adieu, car il me faut partir.* Les phrases chantées ici par messire Tobie sont adaptées de l'*Adieu de Corydon à Phillis* (Percy, *Reliques*, ii, x).

45. *Vous êtes à contre-temps... vous mentez.* Le Fou a ajouté un « non » et une note de trop. D'autre part il a changé le « je n'oserais » de la chanson en « vous n'oseriez ».

46. *votre chaîne.* Votre chaîne d'intendant.

47. *Va secouer dehors tes oreilles d'âne!* C'est au moins le sens probable de "shake your ears", si l'expression a le même sens qu'en *Jul. Cæs.*, iv. 1-26.

48. *des façons de puritain.* On sait que les puritains sont constamment pris à partie dans le théâtre élizabéthain, l'attaque atteignant son point culminant dans *La Foire Saint-Barthélemy* de Ben Jonson. Il nous a paru superflu de relever tous les traits qui visent leurs dehors en la personne de Malvolio. Notons seulement ses constants « Jupiter », la mention de Dieu étant tabou pour les puritains.

49. *Ane.* Sous couleur de répéter « un âne », Maria traite d'âne messire André. Il y a peut-être aussi là un jeu de mots sur « ass » (âne) et « as » (comme).

50. *Penthésilée.* La reine des Amazones. A la fois admiratif et moqueur en raison de la petite taille de Maria.

51. *une brave expédition.* C'est peut-être une allusion ironique à l'expédition d'Essex aux Indes occidentales en 1597.

52. *à l'occasion du combat d'ours.* Les combats d'ours étaient particulièrement honnis des puritains.

53. *lui* est équivoque dans ce passage, mais se rapporte plus vraisemblablement à l'ours qu'à Malvolio.

54. *Chut!* le Folio attribue à messire Tobie les divers « Chut! » qui ponctuent cette scène. Il a paru plus logique de les attribuer à Fabien.

55. *le Jézabel.* Jézabel était le prototype de l'impudence. La responsabilité d'un Jézabel mâle incombe entièrement à messire André.

56. *... avec quelque riche bijou.* Il se reprend à temps, se souvenant qu'il n'aura plus de chaîne d'intendant.

57. *O silence!...* etc. Cette réplique devrait probablement être rendue à Fabien (cf. note 54), et la phrase précédente à messire Tobie.

58. *Ses c, ses o, ses n?* Nous avons transposé les lettres c, u, t qui, dans le jargon de l'époque, avaient, réunies, la même signification. Il semble que Malvolio ait dit une énormité à son insu.

59. *bien que la piste pue le renard.* Un bon chasseur ne se laisse pas détourner de la piste d'un lièvre par le grossier fumet d'un renard.

60. *une pension de mille livres aux dépens du Sophi.* Allusion à Sir Anthony Shirley qui fit un voyage en Perse en 1599-1600 et fut fait prince par le Sophi (ou Schah).

61. *aux dépens de... dépend de.* Le français ne rend pas avec beaucoup de naturel le double sens de « by » (« au moyen de » et « à côté de »).

62. *depuis que les serments les ont avilis.* Le langage du Fou est toujours allusif, parfois trop subtilement pour nous. Nos éditeurs voient dans ce passage obscur une allusion aux faux serments à restriction mentale que les Jésuites conseillaient aux catholiques anglais de prêter en toute conscience (Cf. *Treatise of Equivocation*) quand ils étaient interrogés par des magistrats protestants, notamment à l'effet de savoir s'ils cachaient chez eux dans quelque chambre secrète des prêtres récusants. Cette interprétation peut sembler bien recherchée, mais c'est la seule, jusqu'à présent, qui permette de comprendre et cette phrase du Fou et celle qu'il va prononcer dans un instant (« si fait, monsieur », etc.). Cf. la note suivante et aussi la note 71.

63. *au for de ma conscience... vous rendît invisible.* Lire ces mots à la lumière de la note précédente.

64. *car Cresside fut mendiante.* Au moins le devint-elle, et lépreuse, dans le *Testament of Cresseid* de Henryson.

65. *en dehors de mon firmament, je voulais dire hors de ma sphère...* Trait de satire, dans la ligne du *Satiromastix* de Dekker, sur les manies de vocabulaire de certains poètes contemporains, ici vraisemblablement Ben Jonson.

66. *Dio vi gardi...* etc., en français dans le texte. Cf. note 16.

67. *Voulez-vous pérégriner vers la maison.* C'est là naturellement langage de moquerie : Viola rendra à Messire Tobie la monnaie de sa pièce.

68. *droit au couchant.* Comme il convient au soleil de son amour.

69. *Cap à l'ouest.* Le cri (« Westward ho! ») est celui des bateliers de la Tamise qui remontent vers Westminster.

70. A partir d'ici le texte est rimé et tout à fait dans la première manière de Shakespeare.

71. *sur témoignages jurés du jugement et de la raison*. Trois conditions étaient requises, selon les théologiens, pour un serment légitime : la vérité, le jugement et la raison (ou justice). L'omission de la « vérité » dans le cas présent devait être sensible au spectateur élizabéthain. Ceci est sans doute à rapprocher des serments à restriction mentale dont il a été question à la note 62.

72. *comme un glaçon à la barbe d'un Hollandais*. Peut-être le Hollandais William Barentz qui fit en 1596-97 le tour de la Nouvelle-Zemble.

73. *un archi-Puritain*. Nous nous hasardons à traduire ainsi « un Browniste » qui ne s'entendrait guère. Robert Browne était l'un des fondateurs d'une secte puritaine extrême, celle des Indépendants.

74. *au lit [à douze] de Ware*. Nous ajoutons les deux mots entre crochets pour rendre immédiatement sensible l'énormité de ce lit proverbial qui mesure (il existe encore) onze pieds carrés.

75. *la nouvelle carte aux Indes agrandies*. Et non, comme il semblerait, « agrandie des Indes ». Il s'agit de la carte du monde établie en 1600 par Edward Wright, Richard Hakluyt et John David et où les Indes occidentales se voyaient accorder (légitimement) une surface plus grande qu'auparavant.

76. *Plaisez à une et vous plairez à toutes*. Phrase d'une ballade alors très connue. La bévue de Malvolio en parlant de « sonnet » devait donc être évidente.

77. *cette belle cursive romaine*. Le style italien, dans l'écriture, commençait à remplacer le style anglais, au moins dans les milieux de cour.

78. *Légion*. Cf. Marc v, 9.

79. *ensorcelé*. Et non, comme devant, possédé ; c'est une hypothèse nouvelle.

80. *le crasseux Charbonnier*. Un des noms habituels du Diable.

81. *pour un matin de mai*. Pour une fête du 1er mai (du printemps) que marquaient mille divertissements.

82. *à l'abri des coups de la loi*. Qu'il s'agisse du point d'honneur tel que le définissait le code du duel, ou de la loi proprement dite, messire André ne porte atteinte ni à l'un ni à l'autre : soit ineptie, soit (plus probablement) couardise, il n'a pas plus tôt émis un propos agressif que son propos suivant en annule l'effet.

83. *sur un paisible tapis*. Dans un château, non pas sur le champ de bataille.

84. *'Ils sortent.'* Et la scène reste vide avant l'entrée de messire Tobie et de messire André. Nos éditeurs marquent ici un changement de décor : « Une rue tranquille derrière le jardin clos d'Olivia... etc. » En effet Antonio et les officiers de justice qu'on va bientôt voir arriver ne sauraient se promener dans le jardin d'Olivia. Nous avons toutefois préféré ne pas insister sur un changement de scène qui

s'opère spontanément et invisiblement dans l'esprit du spectateur et du lecteur.

85. *pareil foudre de guerre*. Littéralement « pareille firago », c'est-à-dire « virago » déformé de telle sorte que la première syllabe suggère « feu ». Nous n'avons pu conserver le jeu de mots.

86. *un distique ou deux*. Sous-entendu : nous aussi. Allusion ironique de messire Tobie (voire de Shakespeare lui-même révisant son texte ancien ?) aux vers, ici rimés deux à deux en anglais, de Viola.

87. *après cent dix ans de bail*. Littéralement « après quatorze ans de bail », c'est-à-dire plus encore que le nombre d'annuités dont la somme équivalait à la valeur d'une propriété.

88. *mon pauvre cœur*. Il y a probablement un jeu de mots implicites sur « heart » (cœur) et « hart » (cerf).

89. *une nièce du roi Gorboduc*. Roi mythique de Grande-Bretagne. Sa nièce ne l'était pas moins. Les savants sont divisés sur « l'ermite de Prague ».

90. *Ohé, Robin...* etc. Les phrases chantées ici par le Fou viennent d'une ballade populaire qui nous est conservée dans les *Reliques* de Percy (II, 4).

91. *vos cinq esprits*. C'est à savoir le sens commun, l'imagination, la fantaisie, le jugement et la mémoire.

92. *l'ancien Vice des mystères*. Personnage bouffon — quasi arlequinesque — des mystères, incarnant à l'origine quelque vice et apparaissant toujours en compagnie du Diable qu'il berne (comme le Fou, Malvolio) et rosse avec un sabre de bois.

93. *redemander son chien*. Tout comme certain Dr Bullein, selon le *Journal* de Manningham, avait donné (à son corps défendant), puis redemandé, son chien à Elizabeth.

94. *comme des baisers — où quatre termes opposés composent deux oui...* Cette phrase très controversée signifie peut-être que quatre lèvres (opposées deux à deux, l'anglais dit : négatives) forment deux bouches consentantes (l'anglais dit : affirmatives).

95. *vous inciter à double jeu par double mise*. Nous sommes contraint de distribuer sur deux expressions les deux sens de « double dealing ».

96. *Primo-secundo-tertio est un bon jeu*. Un jeu d'écolier comparable au loto.

97. *Les cloches de Saint-Benoît*. L'église Saint-Benoît était située juste en face du théâtre du Globe.

98. *Mon bon seigneur...* Sans doute Olivia accompagne-t-elle ces paroles d'un geste pour demander à Orsino de laisser parler Césario (d'après Furness).

99. *Tel le bandit d'Égypte*. Tel, dans *Théagène et Chariclée* d'Héliodore (traduit en anglais en 1569), le bandit Thyamis qui, se voyant à la merci de ses ennemis, tente de tuer sa maîtresse Chariclée.

100. *un danseur de pas de huit*. Littéralement « un danseur de passamezzo », pavane qui se dansait sur huit temps. Il y a ici un jeu de mots implicite : le passamezzo est « set at eight » (réglé sur huit temps) comme les yeux du chirurgien sont « set at eight » (clos à huit heures).

101. *Comme en un verre optique*. Manière de stéréoscope qui, selon Bacon, permettait de « faire apparaître une surface comme un corps doué de profondeur ».

102. *la nature/A suivi dans cette affaire sa pente propre*. C'est-à-dire : « Vous a fait m'aimer dans ce reflet de moi-même qu'était ma sœur » ; tel est du moins le rassurant commentaire de Furness.

103. *quelque instance introduire par Malvolio*. Transparent prétexte pour rappeler Malvolio sur la scène.

104. *Et pour moi, une sœur !* Nous simplifions quelques mots de sens incertain, probablement corrompus ou incomplets.

105. *fut épousée*. L'annonce est brusque, mais, pour le spectateur surtout, elle n'était pas imprévisible.

106. Telle est la gaucherie formelle de cette strophe qu'elle ne saurait être attribuée à Shakespeare, protestent nos éditeurs — qui, pour un peu, refuseraient à celui-ci toute la chanson.

TABLE

Préface 7
Notice 25

   La Nuit des Rois 29

Acte premier 33
Acte II 119
Acte III 205
Acte IV 305
Acte V 341

Notes du traducteur 395

ARISTOTE
Petits Traités d'histoire naturelle (979)
Physique (887)

AVERROÈS
L'Intelligence et la pensée (974)
L'Islam et la raison (1132)

BERKELEY
Trois Dialogues entre Hylas et Philonous (990)

CHÉNIER (Marie-Joseph)
Théâtre (1128)

COMMYNES
Mémoires sur Charles VIII et l'Italie, livres VII et VIII (bilingue) (1093)

DÉMOSTHÈNE
Philippiques, suivi de **ESCHINE,** Contre Ctésiphon (1061)

DESCARTES
Discours de la méthode (1091)

DIDEROT
Le Rêve de d'Alembert (1134)

DUJARDIN
Les lauriers sont coupés (1092)

ESCHYLE
L'Orestie (1125)

GOLDONI
Le Café. Les Amoureux (bilingue) (1109)

HEGEL
Principes de la philosophie du droit (664)

HÉRACLITE
Fragments (1097)

HIPPOCRATE
L'Art de la médecine (838)

HOFMANNSTHAL
Électre. Le Chevalier à la rose. Ariane à Naxos (bilingue) (868)

HUME
Essais esthétiques (1096)

IDRÎSÎ
La Première Géographie de l'Occident (1069)

JAMES
Daisy Miller (bilingue) (1146)
Les Papiers d'Aspern (bilingue) (1159)

KANT
Critique de la faculté de juger (1088)
Critique de la raison pure (1142)

LEIBNIZ
Discours de métaphysique (1028)

LONG & SEDLEY
Les Philosophes hellénistiques (641 à 643), 3 vol. sous coffret (1147)

LORRIS
Le Roman de la Rose (bilingue) (1003)

MEYRINK
Le Golem (1098)

NIETZSCHE
Par-delà bien et mal (1057)

L'ORIENT AU TEMPS DES CROISADES (1121)

PLATON
Alcibiade (988)
Apologie de Socrate. Criton (848)
Le Banquet (987)
Philèbe (705)
Politique (1156)
La République (653)

PLINE LE JEUNE
Lettres, livres I à X (1129)

PLOTIN
Traités I à VI (1155)
Traités VII à XXI (1164)

POUCHKINE
Boris Godounov. Théâtre complet (1055)

RAZI
La Médecine spirituelle (1136)

RIVAS
Don Alvaro ou la Force du destin (bilingue) (1130)

RODENBACH
Bruges-la-Morte (1011)

ROUSSEAU
Les Confessions (1019 et 1020)
Dialogues. Le Lévite d'Éphraïm (1021)
Du contrat social (1058)

SAND
Histoire de ma vie (1139 et 1140)

SENANCOUR
Oberman (1137)

SÉNÈQUE
De la providence (1089)

MME DE STAËL
Delphine (1099 et 1100)

THOMAS D'AQUIN
Somme contre les Gentils (1045 à 1048), 4 vol. sous coffret (1049)

TRAKL
Poèmes I et II (bilingue) (1104 et 1105)

WILDE
Le Portrait de Mr. W.H. (1007)

ALLAIS
À se tordre (1149)
BALZAC
Eugénie Grandet (1110)
BEAUMARCHAIS
Le Barbier de Séville (1138)
Le Mariage de Figaro (977)
CHATEAUBRIAND
Mémoires d'outre-tombe, livres I à V (906)
COLLODI
Les Aventures de Pinocchio (bilingue) (1087)
CORNEILLE
Le Cid (1079)
Horace (1117)
L'Illusion comique (951)
La Place Royale (1116)
Trois Discours sur le poème
dramatique (1025)
DIDEROT
Jacques le Fataliste (904)
Lettre sur les aveugles. Lettre sur les
sourds et muets (1081)
Paradoxe sur le comédien (1131)
ESCHYLE
Les Perses (1127)
FLAUBERT
Bouvard et Pécuchet (1063)
L'Éducation sentimentale (1103)
Salammbô (1112)
FONTENELLE
Entretiens sur la pluralité des mondes (1024)
FURETIÈRE
Le Roman bourgeois (1073)
GOGOL
Nouvelles de Pétersbourg (1018)
HUGO
Les Châtiments (1017)
Hernani (968)
Quatrevingt-treize (1160)
Ruy Blas (908)
JAMES
Le Tour d'écrou (bilingue) (1034)
LAFORGUE
Moralités légendaires (1108)
LERMONTOV
Un héros de notre temps (bilingue)
(1077)
LESAGE
Turcaret (982)
LORRAIN
Monsieur de Phocas (1111)

MARIVAUX
La Double Inconstance (952)
Les Fausses Confidences (978)
L'Île des esclaves (1064)
Le Jeu de l'amour et du hasard (976)
MAUPASSANT
Bel-Ami (1071)
MOLIÈRE
Dom Juan (903)
Le Misanthrope (981)
Tartuffe (995)
MONTAIGNE
Sans commencement et sans fin. Extraits
des *Essais* (980)
MUSSET
Les Caprices de Marianne (971)
Lorenzaccio (1026)
On ne badine pas avec l'amour (907)
PLAUTE
Amphitryon (bilingue) (1015)
PROUST
Un amour de Swann (1113)
RACINE
Bérénice (902)
Iphigénie (1022)
Phèdre (1027)
Les Plaideurs (999)
ROTROU
Le Véritable Saint Genest (1052)
ROUSSEAU
Les Rêveries du promeneur solitaire (905)
SAINT-SIMON
Mémoires (extraits) (1075)
SOPHOCLE
Antigone (1023)
STENDHAL
La Chartreuse de Parme (1119)
TRISTAN L'HERMITE
La Mariane (1144)
VALINCOUR
Lettres à Madame la marquise *** sur *La
Princesse de Clèves* (1114)
WILDE
L'Importance d'être constant (bilingue)
(1074)
ZOLA
L'Assommoir (1085)
Au Bonheur des Dames (1086)
Germinal (1072)
Nana (1106)

GF Flammarion

07/02/127235-II-2007 – Impr. MAURY Eurolivres, 45300 Manchecourt.
N° d'édition LO1EHPNFG0756A011. – Février 1994. – Printed in France.